関東学院大学 キリスト教と文化研究所 研究論集 ❹

バプテストの歴史と思想研究

Studies in Baptist History and Thought

バプテスト研究プロジェクト 編

関東学院大学出版会

「バプテストの歴史と思想研究」誌発刊の辞

The Journal of the Study Group on Baptist
Institute for the Study of Christianity and Culture, Kanto Gakuin University

　本誌は関東学院大学、キリスト教と文化研究所における「バプテスト研究プロジェクト」の研究者による小論集である。日本におけるバプテスト史研究、またバプテストの思想研究はまだ十分になされているとはいえないが、こうした研究誌により、バプテストの学的研究が少しでも進められることを祈っている。日本の多くのバプテスト教会の教会形成に役立てられ、同じ教派的伝統に立つ教育機関のさらなる発展を願いつつ発刊の辞とする。

　本誌に関するさらに詳しい情報は、下記にお問い合わせ頂きたい。

「関東学院大学・キリスト教と文化研究所」
〒 236-8501　横浜市金沢区六浦東 1-50-1　（Tel）045-786-7806
E-mail: kgujesus@kanto-gakuin.ac.jp

関東学院大学 キリスト教と文化研究所 研究論集❹
バプテストの歴史と思想研究

《目 次》

第1章　18世紀英国カルヴァン主義的
　　　　　バプテストにおける聖晩餐論

村椿　真理

は じ め に

　この論攷は前号掲載論文、「『開放的陪餐主義』に関する17世紀パティキュラー・バプテスト派の議論」の続編であり、18世紀のカルヴァン主義的バプテストに於ける聖晩餐に関する諸議論を紹介するものである。18世紀に入ると、イングランドをはじめヨーロッパ全体が啓蒙主義、合理主義の影響下におかれ、イングランドのバプテスト教会も各地で停滞と混迷の時代を経験することとなった。

　人々は教会を離れ、伝統的キリスト教全般に批判や攻撃が向けられ、社会の急激な変化と世俗化の波に、キリスト教界全体が晒されるような時代を迎えていた。この時代、多くのバプテスト教会が聖晩餐の守り方の問題に再び関心を示すようになり、開放的陪餐主義と閉鎖的陪餐主義をめぐり多くの議論が展開された。そこで本論攷においては、可能な限りこの問題について発言した人々の主張を振り返り、18世紀全体のこの聖餐問題の推移と展開を明らかにする。

　18世紀における聖餐論論争、特にその開放的陪餐主義と閉鎖的陪餐主義について、最も注目すべき先行研究は、バプテストの牧師であり研究者であったピーター・ネイラー（Peter Naylor,1936-2007）の2003年の研究書及び、2006年のロバート・オリバー（Robert W.Oliver,1936-）の執筆した研究論文であった[1]。そこで、以下両者の研究成果を踏まえ、この問題について改めてここに紹介してみたい。以下、この時代の議論を順に紹介するが、それぞれ、開放的陪餐主義に賛成か反対かを（賛成論）（反対論）と付記できる部

分は付記し分かりやすくする。

1. 独立会衆派牧師J.B.（反対論）

先ずピーター・ネイラーの先行研究を見ると、18世紀のこの論争の冒頭に、イングランドのバプテスト史家トマス・クロスビー（Thomas Crosby,1683-1751）が指摘したバプテスト以外からの開放的陪餐論に対する反対論があったことが分かる。ネイラーはクロスビーの『英国バプテスト史』（*The History of the English Baptists*, III. 1740）を引用し、18世紀に入るや、非バプテスト派のある牧師がジョン・バニヤン（John Bunyan,1628-1688）の議論を引用し、開放的陪餐主義に反対していたことを報告していた[2]。

言及されたのは、通称、J.B.と頭文字で呼ばれた独立会衆派牧師の反対論である。J.B.とは誰なのか、詳細な言及はなく、今日も定かではない。J.B.は、バプテスト教会を大陸のアナバプテスト派と混同していたとされ、バプテスト教会が会衆派諸教会（分離派教会）の中で、開放的陪餐を行うことの危険性と問題性を問いかける主張を公にしていたという。

以下はクロスビーからの引用であるが、J.B.は開放的陪餐を「避けるべき悪」とみなし、こうした実践によってはバプテスト教会は主の晩餐で満足のいく交わりなど決して得られないと述べ、次のように記していた[3]。「教会でそのような生ぬるい晩餐を行ったとしても、それはキリストを喜ばせもしなければ、真の平和も生み出さず、神の民の福音を広めることもないであろう。」[4]また「昨今のイングランドにおいて、多くの諸教会に開放的陪餐を執行しようとする風潮が見られるが、それは明らかに誤りであり、多くの独立派の教会の中にまで、そのような腐敗が拡大している」[5]。

こうしたバプテスト教会外からの反対だけでなく、前回の論攷で筆者自身が指摘したロンドンを中心としたパティキュラー・バプテストの主流派は、ストリクト（厳格）な立場を基本的に堅持したのであって、17世紀後半にウィリアム・キッフィン（William Kiffin,1616-1701）などにより神学的寛容の精神が表明されていたとはいえ、パティキュラー・バプテスト教会では開放的陪

餐主義はどこまでも非主流派（少数派）の主張として批判的に捉えられていた[6]。

2. 18世紀における閉鎖的陪餐の拡大

　1700年代半ばまで、ロンドンはもとより地方に於いても、ほとんどのバプテスト教会は閉鎖的陪餐の方法を支持するようになっていたのであるが、それには理由があった。

　1700年代初めに、ノーサンプトンシャー、ロスウェルのハイ・カルヴァン主義的バプテスト教会や、ケッターリングのジョン・ギル（John Gill,1697-1771）の教会の影響が、次第に開放的陪餐の考え方を隅に追いやるものとなったことが何よりも推測される。ジョン・ギルのようなストリクトなバプテスト教会とロスウェルのリチャード・ディヴィス（Richard Davis,1658-1714）から始まるといわれるハイ・カルヴァン主義（high Calvinism）、特に同じくロスウェルのマティアス・モーリス（Matthias Maurice,1684-1731）などが主張していた正統主義的カルヴァン主義に根ざす教会が、それらの溝を埋めるために接近したことがあったとされるが、両者が交わりを形成していくことにより、彼らの勢いは一気にイングランド全土に影響を及ぼしたことが推測されている[7]。

　バプテスト教会史家、ジョーゼフ・イヴィミー（Joseph Ivimey,1773-1834）によれば、ピナーズ・ホール（Pinner's Hall）を礼拝所に使用していた会衆が、先ず開放的陪餐に強く反対したグループであったといわれる[8]。またベンジャミン・ウォリン（Benjamin Wallin,1711-1782）は、レベカ・コックス夫人（Rebekah Cox）の死後、1769年に出版した「葬儀説教」の中で、開放的陪餐に反対し、「正しいバプテスマを受領した者だけが、終わりの日まで主が命じられたことを全て遵守し、歩むようになる神聖な誓約の下に自らを置くのだ」と述べていたという[9]。

3. ジョン・ブライン（反対論）

　1740年以降、バプテスト教会にも影響を与えたいわゆる信仰覚醒運動が、閉鎖的陪餐主義に関する議論を激化させたことが推測されている。1739年以降、ジョン・ウェスレー（John Wesley,1703-1791）に端を発するいわゆる信仰覚醒運動は、その主唱者であったウェスレー自身が修正アルミニウス主義的贖罪論「自由なる恵」（free grace）を展開し、カルヴァン主義的二重予定論と対立したため、はじめからカルヴァン主義的バプテストは、信仰覚醒運動をすぐには受け入れず、自分たちの神学的立場（閉鎖的会員主義と閉鎖的陪餐主義）をいよいよ堅持するようになっていた。

　ジョン・ブライン（John Brine,1703-1765）はノーサンプトンシャーのケッターリングに生まれ、ジョン・ギルの指導の下、パティキュラー・バプテストの「ロンドン基金」（London Fund）を受給して牧師となった人物であった[10]。彼ははじめコヴェントリのパティキュラー・バプテスト教会を牧会し、1730年からはロンドンのジョン・スケップ（John Skepp,?-1721）の牧会したクリップルゲートのキュリアスホール・バプテスト教会に招かれ[11]、1756年、『バプテストの証言』（*The Baptists vindicated*）なる書を出版していた[12]。その中で彼は、ストリクトな人々の「閉鎖的陪餐は教会の交わりを形成しない」という開放的陪餐主義者の主張について以下のように強く反論していた。

　ブライン自身はこのとき、幼児洗礼受領者によって引き起こされた諸問題により甚だ混乱させられていたというが、ブラインが明確なストリクト・バプテストとしての確信を抱いていたことはいうまでもない[13]。彼によれば、「交わりの制限を付したバプテスト（すなわち閉鎖的会員主義者）は、以下の重要な点で幼児洗礼主義者とは全く異なっている」と記していた。すなわち、「幼児洗礼はそれによって、教会に幼児を紹介し、確かにその交わりの内に彼らを迎え入れたかもしれないが、その後の幼年期間、幼児洗礼受領者を教会の特権に全く与らせなかった」というのである[14]。その点、「ストリクトなバプテストは、彼らの考え方と実践において、バプテスマと聖餐を見

事に結びつけた」と高く評価している[15]。閉鎖的会員主義教会においては、バプテスマ受領者は、聖晩餐にも同時に与るべき存在と捉えていたのであって、バプテスマ式は、教会の正式な交わり「聖餐」に連なる資格を当然与えるものと理解されていたという[16]。

4. ターナー、ライランド、ロビンソン（賛成論）

　さて、そうした閉鎖的陪餐主義が広まっていた中で、この問題に異議を唱え、開放的陪餐主義を積極的に再び説く人々が現れた。注目される議論は、ダニエル・ターナー（Daniel Turner,1710-1798）、ジョン・コレット・ライランド（John Collett Ryland,1723-1792）、ロバート・ロビンソン（Robert Robinson,1735-1790）らの主張であり、彼らと、前述のジョン・ギルらとの論争であった。

　バプテストの研究者ロバート・オリバーは、バプテスト・クォータリー誌の1981年の論文の中に、この3人に関する聖餐論争を詳しく紹介している[17]。オリバーによると、18世紀の半ばまでは、ほとんどの教会が閉鎖的陪餐を実践しており、聖餐への参加資格は信仰者浸礼を受けた者のみに限定されていたという。しかし特に1772年から1781年の間に発表された聖餐に関するトラクトやパンフレットが、イングランドのパティキュラー・バプテスト教会に再び閉鎖的陪餐を取るか否かを問う議論を再燃させたという[18]。

　ダニエル・ターナー、ジョン・コレット・ライランド、ロバート・ロビンソンの3人にとって、最も重要な対論者は先ずジョン・ギルであったといい、その後、ロンドンのリトル・プレスコット通り教会で牧会をしていたアブラハム・ブース（Abraham Booth,1734-1806）が主なる論争相手となったとされる。以下順を追い、彼らの議論を概観してみる。

　ダニエル・ターナーは、セントオールバンズ近郊のブラックウォーターファームに生まれた。彼はヘメルヘムステッドで寄宿学校の教師をしていたとされるが、その頃その地のバプテスト教会で説教を担当するようにな

り、1741年、バークシャーのレディング（Reading）のバプテスト教会牧師
に招かれた。1748年から彼が死没するまでの約半世紀間は、同州アビンド
ン（Abingdon）のバプテスト教会牧師であり、1772年には讃美歌集、詩集、
霊的書籍など数多くの出版活動をした。

　ジョン・コレット・ライランドは、グロスターシャーのボートンオンザ
ウォーターに生まれ、1741年に受浸。献身を志し、バーナード・フォスケッ
ト（Bernard Foskett,1685-1758）のブリストル・アカデミー（Bristol Baptist
Academy）で学び、ワーウィック（Warwick）のバプテスト教会の牧師となっ
た人物であった。彼は牧師館に学校を併設し、牧師兼学校長として働くが、
その後ノーザンプトンに移り、最後はレーン・カレッジ（College Lane）の
教会で牧会した[19]。ターナーとライランドの関係は必ずしも定かでないが、
「二人の友情と自由に対する情熱が相互を結びつけた」とされ、同1772年、
聖餐に関するパンフレット共同制作に向かわせたという。

　ロバート・ロビンソンは、1735年ノーフォークのスワファムに生まれ
た。少年時代に父親を失ったロビンソンはロンドンで働いたが、偶然ジョー
ジ・ホイットフィールド（George Whitfield,1714-1770）の説教を聞く機会
を得て導かれ、ロンドンでジョン・ギルをはじめ多くの非国教派の福音宣
教者のもとで学び、ノーフォークのノリッジ（Norwich）の教会に招かれ
た。1759年にケンブリッジのストーンヤード・バプテスト教会（Stoneyard
Baptist Church）に招聘されると、1790年に引退するまでその地で活躍し
た。彼は1761年に開放的陪餐主義に同意すると、その立場を積極的に唱え、
生涯、前者2名を支持したといわれる[20]。特に注目すべき作品は、その持
論をよく著した『バプテスマとバプテストの歴史』（History of Baptism and
Baptists,1790）であった[21]。

　ロバート・オリバーによれば、彼らの主張は1772年出版された二つのパ
ンフレットに表明されたというが[22]、これらについて、はじめイヴィミーが
1830年の彼の『英国バプテスト史』に、「それは『パシフィカス』（Pacificus）
というタイトルのもと、匿名で著された」と書いたため、その後の読者はこ
の指摘に長い間影響されてしまったという。しかし後に、バプテスト史家、

W.T.ホイットレー（William Thomas Whitley,1861-1947）が、『カンディドゥス』（Candidus）なるトラクトの冊子をオックスフォード大学リージェント・パークカレッジのアンガス図書館で発見し、実は二つの別々のパンフレットが存在したことを明らかにした[23]。リージェント・パークカレッジに現存するホイットレーが発見したパンフレットは、様々な書籍が一冊に製本されている中に、隠れるように挟み込まれており、著者名は確かにそこにはなかった[24]。最近の調査では、ノーサンプトンシャー中央図書館に保管されている資料を調べると、『パシフィカス』は8×10インチのサイズで印刷され、わずか3頁からなるトラクトであり、日付は、1772年6月15日と記されていた。一方『カンディドゥス』は、大きさは7×4.5インチの小型パンフレットで、全16頁立てであり、日付は1772年とだけ記されていていた。どちらも大きさ外観は違うのであるが、内容は2箇所を除いて実は同一であった[25]。

　オリバーは先の論文の中で、『カンディドゥス』をダニエル・ターナーが著したものと推定し、『パシフィカス』をジョン・コレット・ライランドが著したものと推論している。二書は、書き出しの若干の相違を除けば本文は同一であり、二人がこれらの書をコラボレーションして作成したことを明らかにした[26]。前者にはサブタイトルに、A Modest Plea for Free Communion at the Lord's Table; Particularly between the Baptists and the Paedobaptists. In a letter to a Friend. Let us not therefore judge one another any mor. Rom.XIV. と記され、後者には、A Modest Plea for Free Communion at the Lord's Table; Particularly between True Believers of All Denominations: In a letter to a Friend. と記されていた[27]。何れにせよ、どちらも聖晩餐はすべての信仰者によって等しく平等に守られるべきものであり、開放的陪餐主義の正当性を積極的に説くものであった。

　さてこうした開放的陪餐論者に対し、ジョン・ギルは晩年、ヨハネの手紙一5章3節の説教の中で、徹底的に攻撃していた[28]。ジョン・ギルについては先に触れたが、ノーサンプトンシャーのケッターリングに生まれ、19歳でトマス・ウォリスから浸礼を受けた。1719年以来、死没するまで彼はロンドン、サザークのホースリーダウン教会で働き、ハイ・カルヴァン主義的

バプテストの主唱者となった人物であった。

　そのギルの説教とは、1765年10月9日、ロンドンのバービカン（Barbican）で行われたあるバプテスマ式で語られたものであったが、それをみるとギルは以前から、開放的陪餐主義に対する反論の機会を伺っていたように思われる[29]。そしてこの機に、ギルは自分自身のこのテーマに関する見解を公表したのであった。ギルは以下のように述べている。

　　「わたしは自分の身を賤しめて、誰が書いたのかもわからないような記事について、新聞などを用いて論争を行うようなことは不適当だと考えてきた。この極めて卑怯な批評は、あたかもインディアンの戦法のようであり、彼らの銃を茂みや生け垣の後ろに隠しておき、それを出したかと思えば逃げ去り、再びそれを隠してしまうのである」。[30]

　これを読むと、ターナーが複数回にわたって自らの主張を、いかなる新聞（a news -paper）か機関紙かは定かでないが公にし、紙面上でサザーク時代のギルを挑発したように推測される。しかしこれに対してギルは、1766年の彼の著書のあとがきで、一撃で以下のように開放的陪餐主義を退けていた[31]。

　　「紙面の最初と2番目の批評内容は、バプテスマに関するわたしの限られた説教メモに対して書かれ、メモと共に公にされている。彼の3番目の文章は、まさに道化と無礼の何ものでもない。それは、馬丁や駅者が口にするような低俗な言葉と卑劣なことわざで始まっている。そして彼の仲間たちは彼を賞賛することにより、自らの主張を汚している。」[32]

　ギルは1771年に死没したが、ターナーはギルの死後、直ちにジョン・コレット・ライランドと共に『カンディドゥス』を公表したのであった。そこで以下に『カンディドゥス』の内容を概観しておく。

5.『カンディドゥス』（賛成論）

　『カンディドゥス』には、幼児洗礼受領者をも彼らのバプテスト教会の聖晩餐にそのまま迎えることを認め、それを支持する主張が簡潔に記されていた。「主イエス・キリストの恵みを受けたすべての人々は、彼らの救い主へ

の信仰によって生かされ、良心的に主に従い、福音の与えるすべての特権に等しく与るものとなる」とターナーは述べる[33]。それゆえ、「律法の授与者であり唯一の首（かしら）である教会の主の権威に従うならば、われわれには、その福音の特権から、ある一部の人々を排除するようなことは到底許されることではない」。「実際、聖晩餐の恵みから一部のクリスチャンを排除することは、彼らからキリスト者の特権を没収することになるのであって、それはクリスチャンの同胞を怒らせ、深く傷つけ悲しませることになる」と主張していた[34]。そしてそれはまた彼らに、重要な「義務を無視して生きることを強いる」こととなり、彼らを「多くの誘惑にさらす結果を招く」ことになるという[35]。キリストが受け入れられた人々を、わたしたち教会が拒絶するというようなことが、そもそもできるのだろうか。「主が陪餐に与ることをお許しになっているのに、教会がそれを拒むなどということが一体できるのか」と問うのである[36]。「ローマの信徒への手紙14章や15章には、『信仰の弱い人々を受け入れよ』とあり、兄弟のつまずきとなるようなものを彼らの前におくべきではないと書いてある」と彼はいう[37]。そしてターナーは、『カンディドゥス』の締めくくりに、「われわれのストリクト（厳格）な兄弟たちが、こうしたローマの信徒への手紙を偏見を捨て、真剣に丁寧に読んで下さることを心から願っている」と記していた[38]。

　このパンフレットが問いかけるバプテスマについての問題点は、実は聖書の中では必ずしも明確にされていない部分があったとターナーは述べる[39]。すなわち、バプテスマが「信仰者浸礼」であるべきだという解釈は、事実、人によって（教会によって）その理解と解釈の違いが生まれてくる部分であり、こうした問題の判断者は最終的には一体誰なのかと問う。そしてこうした聖書解釈に基づく認識は、直ちに聖晩餐に関する実際的な議論を招くことになるのであって、例えばそれは、未だバプテスマを受領していない者にまで、晩餐を授けて良いのかといった議論にも発展していくと述べるのである。そしてターナーは、このパンフレットの結論部で、少なくともバプテスト教会が「信仰者浸礼に余りにこだわることは、逆に周囲の人々の偏見を増長させることになるのではないか」と問うのであった[40]。

　このように、閉鎖的陪餐主義は、（区別された）特殊な交わりを形成するのであり、キリストの福音における「一致の精神を破壊するもの」だと断定する[41]。神の啓示は、教会の定めた秩序よりも重要なものであり、閉鎖的陪餐という考え方を、われわれはもう一度再検討しなければならない時がきていると論ずるのである。

　ダニエル・ターナーはライランドと共に、開放的陪餐主義への反対者を、自分たちよりも厳格な「兄弟」として捉え、主に命令されていないにもかかわらず厳格に振る舞う（uncommanded strictenss）人々と揶揄しながら批評していた[42]。彼らによれば、「イエス・キリストは、すべての人々に対して独自の愛と敬意（a peculiar love and regard）を懐いておられたのであり、それはいかなる罪人（自分の霊的関心を喪失してしまっているような人）にまで及ぶ」と考えていた[43]。

　これらの議論は、改めて読んでみると、主のみ心を大胆に解釈し適用したような議論であった。その主張内容は、これまで繰り返された開放的陪餐主義者の論理展開と基本的に変わりなかったが、パティキュラー・バプテスト教会が18世紀に保守的立場に立ち、教会の教勢が行き詰まりを見せていた時期であっただけに、非常に大きなインパクトを与えることになったといえそうである[44]。

6. ジョン・トゥームズ（賛成論）

　次に、閉鎖的陪餐に反対した独立会衆派牧師、ジョン・トゥームズ（John Tombes,1603-1676）の見解もぜひ一瞥しておきたい。ジョン・トゥームズは、ウスターシャーのビュードリー（Bewdley）に1603年頃生まれた[45]。彼は1618年に15才でオックスフォードのマグダレン・カレッジに入学し、チェスターの司教ジョン・ウィルキンス（John Wilkins,1614-1672）の教えを受けた。彼は聖書語学に通じ、常に小型の聖書原典を持ち歩き、いつも聖書に即した議論をすることで知られていた。また彼は英国国教会に対し、在学中から懐疑的態度を抱くようになっていたという[46]。トゥームズは1624年に博士号

を取得し卒業するが、オックスフォードの聖マーティン教会説教者時代（1627年）に幼児洗礼問題に疑問を持ちはじめた[47]。1630年にはそのような問題意識を持ち大学を去り、やがてウースターの教会からヘレフォードシャーのマーケットタウン、レオミンスター（Leominster）教区教会の牧師となる。

　その後、ブリストルの教会を経て、1645年から一年間は、ロンドンのテンプル教会（Temple Church）の聖職者も務めた。この教会は、16世紀後半からピュリタン穏健派と急進派が激しい議論を交わした教会で知られているが、トゥームズもこの時期、国教会の改革問題に深く関心を持つようになったことが推測される。翌年彼は故郷ビュードリーに戻り、その地域の教区教会牧師に就任したが、これによって、彼は偶然、その隣町キダーミンスター（Kidderminster）にいたリチャード・バクスター（Richard Baxter,1615-1691）と運命的な出会いを経験することとなる。

　リチャード・バクスターは1615年にイングランド中部シャーロップシャー、ロウトン（Rowton）に生まれ、その地の教区教会で幼児洗礼を受けていた。彼はイートン・コンスタンティンでピュリタンの影響を受け、ジョン・オーエン（John Owen,1616-1683）との接触から国教会改革の思想を抱くようになったとされる。彼がいわゆる堅信礼を受けたのは大聖堂のあったリッチ・フィールドのトマス・モートン（Thomas Morton,1564-1659）主教からであり、バクスターは主教派に属するピュリタンであった[48]。1638年には国教会の按手礼を受けて教区牧師となり、従軍牧師を経て1641年、キダーミンスターに赴任した。彼の基本的な教会論的立場は、「一国一教会という原則を維持しながら、監督派と長老派、また独立派の一致を探ること」にあったといわれ[49]、1647年以降、特に1658年頃、二人の再洗礼派を擁するジョン・トゥームズの率いる会衆と議論をはじめたものと推測されている。はじめはトゥームズがキダーミンスターの木曜日の集会に定期的に出席し、バクスターに議論をしかけた。彼らは教会で互いの考えに反対する説教を行い、次第に周囲の人々を論争に巻き込んでいった。一時期、その論争は大激論となり、市治安判事が両派を仲裁するまでに及んだといわれる[50]。

　二人の論争は、主に幼児洗礼の正しさをめぐる問題と聖晩餐の持ち方に関

する点に特化していた[51]。トゥームズは独立派の牧師であり、バプテストではなかったものの、神学的にはアナバプテスト派の立場にかなり接近し、幼児洗礼に強く反対していた[52]。また開放的陪餐主義を主張していたため、部分的には確かにパティキュラー・バプテスト穏健派の弁護的役割を果たすこととなったのである[53]。もっともトゥームズは初めからバプテスト派の頭越しにウエストミンスター宗教会議の委員たちやリチャード・バクスターと論じ合っていたのであり、結果的にバプテストの開放的陪餐主義を応援する形をとったように思われる[54]。

　こうしてみると、先のダニエル・ターナーとライランドの議論の後を、このジョン・トゥームズが後から応援したかのように見える部分があるが、レオミンスターとビュードリーでの在職期間、トゥームズは国教会の幼児洗礼には徹底的に反対していたものの、彼は英国国教会から完全に離脱することはついになかった。しばしばトゥームズはビュードリーでバプテスト教会を形成したとの見方がなされることがあるが、それは誤った判断である。クロスビーによれば、その時点でトゥームズは公定教会にはバプテスマ改革のなんらの希望も見出せずにいたが、自ら持論を唱えつつも、教区教会の聖職者としてとどまっていた[55]。

　しかるに1800年代初頭、パティキュラー・バプテストのノリッジ聖マリア・バプテスト教会（St. Mary's Baptist Church）の牧師、ジョーゼフ・キングホーン（Joseph Kinghorn,1766-1832）[56]はジョン・トゥームズに対して、彼が、その主張の重要性にもかかわらず、自分自身を非国教徒の一員と明確にしなかったことについて疑問を呈し、次のように不満を漏らしていた[57]。

　　「この点で彼の態度は彼の教会の中で注視されていたが、最終的に受け入れられた。それは、トゥームズにはいくつかの独自の主張があったが、公定教会との交わりを大切にしようとした姿勢に、会衆が結局賛同したからである。しかしそうした彼の姿勢は、結果的に不明確な立場を自らにもたらすこととなった。国教会からの離脱を求めていた会員たちの声は、ついにマイノリティーの見解とされ、やがて潰えてしまうことを教会自身が了解していたのである。」[58]

　ここでこれ以上ジョン・トゥームズの開放的陪餐主義について触れる紙面はないが、開放的陪餐に関してはターナーとライランドと基本的にほぼ同じ見解に立っていたとみなすことができる。

7. ジョン・ブラウン（賛成論）

　さて、続く閉鎖的陪餐主義に対する反撃は、ジョン・ブラウン（John Brown,?-1800）によって、1777年の彼の著書『バプテスト派と幼児洗礼論者のための神の開かれた自由な聖餐の家』(*The House of God Opened and His Table Free for Baptists and Paedobaptists*) の中で継続された。ブラウンは1752年に、1730年にケッターリングに設立された「小さな集会」(Little Meeting) の牧師となった人物である[59]。この教会は1716年にジョン・ギルがバプテスマを受けたバプテスト集会が他の同地のバプテスト教会と合同したことにより1730年に設立された教会であった事が推定されている[60]。ブラウンは1800年4月にハンプシャーのリミントンで死没したが、1771年に、おそらく混合陪餐の問題が原因でそこを辞任し、同じ町の別の教会へ移籍した。ちなみに、ブラウンの後をアルンスベイのパティキュラー・バプテスト教会のジョージ・モートン（George Moreton）が引き継いでいる[61]。健康悪化に伴い1779年にモートンが辞任した後、1783年までしばらく空席時期があったが、その後をアンドリュー・フラー（Andrew Fuller,1754-1815）が牧師となり教会を大きく発展させていた[62]。

　さてジョン・ブラウンは、先ず、閉鎖的陪餐主義者がバプテスマの形式にこだわり過ぎていること、それにより、聖霊によって現にクリスチャンとされている他の信仰者が存在するのに、それを認めようとしないことは根本的に間違っているとの主張を展開した[63]。もとよりブラウンは、バプテスマを受けずに聖餐に与るべきでないことは了解していた。彼の主張は、全ての信仰者は、真の新生者であるならば、バプテスト派であろうとなかろうと、神との同様な関係に事実として存在しているのであって、受領したバプテスマの形式が違っていても、全ての信者に陪餐は認められるべきだというもので

あった[64]。そもそも聖晩餐は、教会の一体性を示すために制定されたものであり、それゆえに信者を一つの主のテーブルから排除してはならないと主張していた[65]。

　バプテスマ式においては、水そのものが何か神聖なものだというわけではなく、水そのものが人間を聖別し新生させるわけではなかった。しかし閉鎖的陪餐主義を主張する人々は、その形にこだわる余り、あたかもその形式に人を新生させる力があるかのような考えかたに陥っているのではないかとブラウンは問いかけていた。ジョン・ブラウンによればキリストは非本質的なことには違いをお許しになったのであり、聖餐のあり方についても同様に考えるべきであると主張した[66]。彼はバプテスト教会以外の教会員も真実なキリストの愛の道を歩んでいることを認め、バプテスト教会ではない多くの諸教会が、キリスト者の愛を示しているのにもかかわらず、一部のバプテスト教会がしばしば霊的とはいえない態度を取っていると述べていた。信仰者バプテスマや浸礼を執行しない諸教会を拒絶している牧師たちは、まさに教会を分裂させるような業を行なっており、それは一種の「秘跡主義」になると厳しく批評していた[67]。

　新約聖書のローマの信徒への手紙14章、15章には、明らかに「信仰の弱い人々を受け入れなさい」と教えられていたにもかかわらず、ストリクトなバプテスト教会はその精神に反しているという[68]。閉鎖的陪餐主義者は、すぐに幼児洗礼受領者を排除し、改めて浸礼を受けさせねばならないといい、幼児洗礼容認教会を排除しようとするが、ブラウンによれば彼らも主の聖晩餐に与れる存在であって、最後の救いの完成時、神の国の晩餐には全ての信仰者が招かれているだろうと声高に主張していた。

　もっともブラウンは、反論を予想して、開放的陪餐主義といえども、キリストによって制定された聖餐に与る条件（制定語）を変えることは許されないとし、幼児洗礼受領者がバプテスト教会で聖晩餐に共に与る場合には、彼らは信仰の良心に従って自らの信仰を披瀝し（信仰告白し）、聖晩餐受領に必要な資格承認を得るべきだと述べていた[69]。そして、幼児洗礼そのものを否定しないことも唱え、次のように書いていた。「キリストはいずれにせよ

幼児洗礼受領者が聖餐に与ることを妨げるような権限を、バプテストに与えてはいない」と。

　聖晩餐にあずかる前提条件から「浸礼」を外してしまうならば、聖晩餐は正しく執行出来ないという考え方に対しては、ブラウン自身は、すでに新生した誠実な信仰者のみが加わるということであるならば問題はまったく生じないはずであると考えていた。またそうした考え方は、バプテスト教会のバプテスマの理解（浸礼主義）をなんら格下げすることにはならないとも主張していた。彼は、幼児洗礼受領者が彼ら自身の教会を近隣に見つける事が難しいというケースが時折あることを指摘し、彼らを歓迎することはバプテスト教会の義務であると主張したのであった[70]。

　ジョン・ブラウンは彼の著書の最後に、「父から食前に体を洗うようにいわれた二人の息子についての寓話」を用いて自らの議論を締めくくっていた[71]。「弟のベナヤは父の言葉から全身を洗うことを求められたと理解したが、兄のセメイは顔だけ洗えばいいのだと受け取った」という寓話である。物語の真実は、何らかの理由で、親が子どもたちに細かい指示を出さなかったので、二人に無実の見解の相違が生じてきてしまったわけだが、「聖餐の問題もこのような事柄だった」という。ブラウンは、こうした話をあげて類推し、「天の父は意図的にバプテスマを施す方法については曖昧のままにされた」と述べた[72]。

8. ウィリアム・バツフィールド（反対論）

　さて、ブラウンのこうした主張に対する反論は、1778年にウィリアム・バツフィールド（William Butffield）の著した『自由な聖晩餐、革新、あるいはジョン・ブラウン氏のパンフレットへの回答』(*Free communion an Innovation: or, an Answer to Mr.John Brown's Pamphlet*) が存在した[73]。バツフィールドは聖書に基づき、先ずバプテスマとは原典ではバプティゾーであり、その形式は釈義上決して滴礼ではなく浸礼（immersion）以外にはありえないと主張した上で、以下のように反論していた[74]。「浸礼を受領していない者は、その

点ですでにキリストとの正しい関係に導かれていないのであって、そのような彼らに聖餐受領を認めることはできない。ブラウンの考えはキリストのみ旨に従ったものとはいい難く、正しく主の聖晩餐が守られるよう修正されるべきであり、何よりもそれはブラウンの全会衆の為に必要なことである」と述べていた[75]。

　ウィリアム・バツフィールドの履歴については多くのことが解明されていないが、彼は晩年におよそ3年間、ベドフォードシャーのダンスタブル近郊、ソーン(Thorn)のバプテスト教会の牧師であったといわれる[76]。彼の名前は、例えばイヴィミーの『英国バプテスト史』の中にも、「ベドフォードシャーの決議案」(*Bedfordshire Resolutions,1773*) の署名者の一人として登場している[77]。おそらく、その時期の彼自身の体験から、彼はベドフォードシャーの開放的陪餐論者たちの主張を以下のように批判していた。「彼らは、バプテスマを受けることが何よりも重要なことであると主張し、その様式の違いによって信仰者を一つの聖餐に参加できないようにしてしまうならば、誰もクリスチャンに導くことなどできないし、誰も教会の交わりに迎え入れることなどできないであろう」というが、そのような「会員を集めるための実用的な考え方」を念頭にして開放的陪餐論を主張しているとしたならば、「やがてバプテスト教会はいかなる教会からも拒絶されることになるであろう」というのである。「バプテスマの様式は、主なる神が定められた重要な事柄であり、それは影（shadows）とか殻（shells）などと呼ばれるべきものではない。」[78]

　バツフィールドは新約聖書から、バプテスマこそが神の言葉がわたしたちを教会に結びつける「唯一の直接的な道」であったことを確信していた[79]。それゆえ、信仰告白をした上で、他ならぬ「浸礼」を受領するということは「教会入会（admission into the church)」において本質的に重要なことであり[80]、主権者なるお方、み子イエス・キリストの権威と正しさから、教会は浸礼こそを間違いなく受けとめなくてはならないと述べる。もしもジョン・ブラウンが主張するように、開放的陪餐をバプテストが容認してしまうならば、やがてそこにはクェーカー教徒やカトリック教徒も、「同じ信仰者なのだから」

という理由で、陪餐を許すことになるのだろうかと疑問を呈したのであった[81]。

　またバツフィールドは、「聖晩餐のルールの緩和はキリスト者の愛の表現である」といった単純な見解に対して、それを実行するためには主の定めたことを、別の主の戒めにより放棄しなければならないこととなり、認められないと強く反対していた[82]。すなわち相互愛の戒めは、バプテスマに関する戒めを無視したままで進められるべきではない[83]。信仰告白に基づく浸礼という様式が、もしも必要ないこと、或いはそれほど重要な事柄ではないと考えるならば、バプテスト教会は幼児洗礼反対という従来の立場を変えることになるのであろうか。しかしながらブラウン自身は、そうした滴礼受領者に対して、バプテストの牧師として実は浸礼を施そうとしてきたのではなかったかと鋭く問うのである。ブラウンは、開放的陪餐論者が幼児洗礼の間違いを誰もが皆知っていたはずであると述べ、そこに彼自身の自己矛盾があると論評した[84]。

　開放的陪餐主義者は、聖書の中に信仰者浸礼（believers' immersion）のみを受けた教会についての言及が明確には存在しないとの理由でそれに反対し、聖書が沈黙していることを根拠にして持論を展開しているが、それをいうなら自らの立場もまた成立しないことになるのではないかとバツフィールドは反論する。実際には新約聖書の諸教会はバプテスマを受けていたのであり、間違いなく、彼らは信仰告白に基づくバプテスマを受けた教会であったと述べる。そして、まさにそこに私たちが幼児洗礼主義者と交わりを拒んだ唯一の根拠があったのだと述べるのである。「なぜなら私たちバプテストの原則に当てはめて考えるならば、彼らは、真のバプテスマを受けていない者による聖餐式を平然と行っている」からであるという[85]。バツフィールドは、主イエスが聖晩餐に与る道を指示されたか、指示なさらなかったかのどちらかしかないと述べ、使徒言行録2章41節をみる限り、十分な指示を残されていたといえると結論づけていた[86]。彼は「寛容令」以後、それぞれの教会が自己の教会論に従って教会形成できるようになってきたことを振り返り、またロンドンのストリクトな閉鎖的陪餐論者（W.キッフィンなど）が17世紀後

半、若干寛容な姿勢をとり、開放的陪餐のあり方を全く否定しなかったから
といって、それに決して賛同した訳ではなかったことに改めて注意を喚起し
たといえるかもしれない。バツフィールドは、バプテスト教会のバプテスマ
に関する主義主張は、実は他ならぬ開放的陪餐主義によって崩されていくと
危惧していたのである[87]。さまざまな聖晩餐の持ち方に寛容な態度を持つこ
とは良いとしても、だからといってバプテスト教会のバプテスマ論まで自ら
捨ててしまう必要は全くないというわけである。彼は、混合陪餐などによっ
て、幼児洗礼受領者がバプテスト教会の立場や本来の主義主張を了解し、受
け入れるようになることなど全く考慮する必要はないといい切っていた。そ
れどころか、彼はそうした不必要な配慮こそが、バプテスト教会を内部から
崩壊させる要因となると真剣に考えていたのであった[88]。

9.　ジョン・ライランド・ジュニア（賛成論）

　ジョン・コレット・ライランドの息子のジョン・ライランド・ジュニア（John
Ryland Jr.,1753-1825）は1753年ワーウィックに生まれ、1767年に14歳で受浸、
1771年にバプテストの説教者と認められ、1786年、ノーザンプトンのレーン・
カレッジで父と共に働いた。彼はパティキュラー・バプテスト教会内に存在
した閉鎖的陪餐主義と開放的陪餐主義の違いをあえて重視しないという新し
い立場を唱えたことで知られている[89]。

　ジョン・ライランド・ジュニアはその時代のカルヴァン主義的バプテスト
の間で中心的な人物の一人とみなされていた。1793年、ジョン・ライランド・
ジュニアはブリストルのブロードミード・バプテスト教会の牧師に招聘され、
同時にカレブ・エヴァンス（Caleb Evans,1737-1791）が務めていたブリスト
ルのバプテスト・アカデミーの学長職にも就任、またロード・アイランドの
ブラウン大学から神学博士号（Doctor of Divinity）まで授与されたり、或い
はアンドリュー・フラーがその中心的役割を果たしていた「バプテスト宣教
会」の創設者の一員となったりして、晩年に到るまで、18世紀後半から19
世紀初頭にかけて大きな役割を担い、影響力を振るった人物の一人であっ

た[90]。その彼が、聖晩餐の持ち方、この閉鎖か開放かの問題に対して、一つの新路線を宣言していったのである。

　すなわち彼曰く、「自分はこれまで約40年間、聖晩餐を常に良心を持って守ってきたのであり、この典礼を宗教的原則問題のように捉えたり、バプテスト教会の主義主張といった動機、見地からこれを考え、執行したことはなかった」というのである。彼がそう語る理由は、ライランドによれば、「聖晩餐とは主の招かれる食卓」なのであって、自分の、「私たち教会の食卓ではないからだ」と述べる。それゆえ、基本的には、主イエスが受け入れられた人々を拒むようなことを私たちは敢えてなすべきではないのだと主張することとなった[91]。

　キリストが私たちに明確に命じられたのでない限り、開放的陪餐主義も閉鎖的陪餐主義も、いくら議論を戦わせても双方決して正しい結論に至ることはできないというのが彼の考えであった[92]。

　とはいえライランド・ジュニアの主張は、それ以前の一般的な傾向であったストリクトな立場に反し、結果的には開放的陪餐主義をよしとする立場に立ったわけであるから、一体なぜ彼がこうした議論と開放的陪餐主義容認に傾いたのかという疑問が生じてくる。しかしそれには以下のような事情があった[93]。

　彼の父親ジョン・コレット・ライランドは、カルヴァン主義的パティキュラー・バプテストの一員であったが[94]、長年ノーザンプトンのウエストン・ファヴェルのジェームズ・ハーヴィー（James Hervey,1714-1758）を含む、オックスフォードの「ホーリークラブ」（Holy Club）のメンバーでもあり、ジョージ・ホイットフィールド（George Whitefild,1714-1770）やジョン・ウェスレー（John Wesly,1703-1791）らと極めて親しい交わりの中に歩んだ人物であった[95]。英国国教会のジョン・ウェスレーなど、彼らは、幼児洗礼を基本的によしとする立場にあったことはいうまでもない。つまり、そうした環境に囲まれていたところから、ジョン・ライランド・ジュニアは、当然、閉鎖的陪餐主義から距離を置くようになったことが推測されるのである。ジョン・コレット・ライランドはワーウィックを1759年に去り、ノーザンプト

ンに移る頃には、すでに閉鎖的陪餐主義の考え方を捨てていたと推測されている[96]。するというまでもなく、ジョン・ライランド・ジュニアの新路線とは、ウェスレーらの信仰復興運動に影響を受けての当然の展開であったということができる。

10.　アブラハム・ブース（反対論）

　こうした開放的陪餐主義の巻き返しに反対した人物として、わたしたちは次にアブラハム・ブースをあげなければならない。

　アブラハム・ブースは1734年5月20日、イーストミッドランド、ダービーシャーのアンバーレーにあるアルフレイトン近郊ブラックウェルに生まれた[97]。彼の父は農夫であり、彼は幼くしてノッティンガムシャーに移り住み、父の仕事を手伝い経営に携わりながら教育を受けたとされる[98]。当時ノッティンガムシャーのバートンを中心に、後のジェネラル・バプテスト、ニュー・コネクション（The New Connexion）を生み出したバプテスト教会群（Barton group）が発展していたが、その群の幾人かの牧師から、ブースは感化を受け、1755年、彼が21歳のとき、カービー・ウッドハウスのジェネラル・バプテスト教会で受浸したのであった。彼はやがてエリザベス・ボウマー（Elizabeth Bormar）と結婚し、一時期サットン・イン・アシュフィールドで学校経営をしていたが、同地の教会から説教を委託され、監督にまで任命されるようになる。しかしブースはその時期さまざまな神学を吸収中であり、ジョージ・ホイットフィールドのカルヴァン主義的神学に触れると、次第にそれまでのウェスレー的ジェネラル・バプテストの立場を離れ[99]、カルヴァン主義的パティキュラー・バプテストの神学に接近するようになった[100]。そしてノッティンガムのサットン・イン・アッシュフィールド、チェスターフィールド、ミッドランドの町々で説教していると、彼の名声は次第に広く知れわたるようになり、1769年2月、ブースはロンドンのリトルプレスコット通バプテスト教会（the Particular baptist church of Little Prescot Street）から招聘を受け、1806年に72歳で死没するまで、生涯その地において、有力なカルヴァン主

義的バプテストの一員として活躍した[101]。

　アブラハム・ブースは先のバツフィールドが、彼の閉鎖的陪餐主義を論じ終えた同じ年に、彼の後を引き継ぐかのようにして開放的陪餐主義者への反論を開始していた。ピーター・ネイラーによれば、ブースのこの問題に関する非常に詳細な言及は『バプテストのための弁明』(*An Apology for Baptists,1808*)[102] の中にあり、彼はこの一書によって極めてストリクトなバプテストとして周囲から認知されるようになったという[103]。この書は、「バプテストが、自らの原則にもし忠実であるならば、浸礼受領者だけによる主の晩餐を必ずや遵守していたであろう」ということを述べたものであり、ストリクトなバプテストの特徴を、再度鮮明に描き出したものであった[104]。『バプテストのための弁明』というタイトルは、「閉鎖的陪餐主義に立つバプテストにかけられた不当な圧力、偏見」は「全くの誤り」であり、そのことは実はこれまでに十分に証明されているという意味を込めたものであり、閉鎖的陪餐主義バプテストの正当性を改めて訴えた180頁に亘るブースの労作であった[105]。実はリージェント・パーク・カレッジの図書館には、1778年ロンドンで出版された初版本と思われる原本が存在する。いずれにしても年代からみてこの書はロンドン牧会時代に書かれたものであり、ブースはこの書の中で、聖書に基づいて「幼児洗礼が無効であること」、「浸礼が受領されていなければ聖晩餐には与れないこと」を端的に主張していた[106]。つまりブースによれば、開放的陪餐を主張する人々は、真のバプテスマ受領者でない人々を自らの聖晩餐の中で容認し、招き入れようとすることにより、新約聖書に定められた二つの典礼の秩序を根底から覆しているという[107]。開放的陪餐を主張することによって、彼らは結局のところ他ならぬ幼児洗礼そのものを広く承認していくことになるのであって、そのこと自体が聖書の定めをないがしろにしていることであるという。つまり彼の議論は、これまで度々繰り返されてきたパティキュラー・バプテストの閉鎖的陪餐主義の論理の反復に過ぎなかったわけだが、バニヤンに始まりジョン・ライランド・ジュニアらによって主張され、いつの間にか正論のごとくに広められてきてしまった開放的陪餐主義の勢いやその内容を、再度問いただし、何とかしてそれらをく

い止めようとする強い意図をもって著されたものであった。

　ブースによれば、聖書に従う限り、バプテスマの様式は浸礼だけであり、キリストの命令も使徒たちの実践も浸礼であって、新約聖書に示された入会の典礼はこの浸礼以外ではなかったという。そして、「正しくバプテスマを受けていない人々は、疑いもなく、全くバプテスマを受けていないのと同じなのだ」と結論づける[108]。そしてこれが、この問題に関するブースの初の公式見解発表となったのであり、以後彼はその立場から二度と外れることはなかった。ブースは、この書の中で、これ以上論じる議論はないと思われるところまで、幼児洗礼の誤り、また開放的陪餐主義の誤りを自分なりに整理し、繰り返し検討し、明らかにしようとしていた。

　アブラハム・ブースによれば、ジェシー（Henry Jessy,1601-1663）やバニヤンの時代は、開放的陪餐主義はまだ初期の段階にあったという[109]。ところがそこから始まって、ダニエル・ターナーやジョン・コレット・ライランドの主張に至るまで、開放的陪餐主義者の議論は、自論の正しさの主張だけでなく、同時に閉鎖的陪餐主義を間違った見解であるかのように決めつけ、その態度は「どこまでも硬く、柔軟性がない」[110]といいたい放題非難してきた。つまり、そこに極めて不当な「批判中傷」があったと述べるのである。ブースには、開放的陪餐主義が、いかにジョン・バニヤンの敬虔な信仰に端を発したものであったとしても、あるいは彼の神学的、半分離主義的な教会論的熟慮に由来してきたものだとしても、それらの主張は全く納得できるものではなかった[111]。なぜならこれも繰り返しになるが、何よりも聖書の教えそのものが、「浸礼」によって教会員を定め、そのようにして会員とされた人々による「聖晩餐」を守るべきだと語っていたからなのであって、その事実を事実として表明することで、なぜいわれなき批判を受けなければならないのか、全く理屈に合わないと考えていたからである。

　マタイによる福音書28章18節から20節には、バプテスマと聖晩餐のキリストご自身による積極的指示「宣教命令」が存在したし、使徒言行録にも使徒たちの浸礼の実践が記されていたのであって、そこには不従順もなく、皆が全員バプテスマを、つまり他ならぬ「浸礼」を受けていたというのであ

る[112]。イエスご自身のバプテスマが浸礼であったこと。また使徒たちはキリストの僕であったので自分勝手なことはしなかったのであり、バプテスマと聖晩餐に関しては、常に主導的にそれを執行していたとブースは述べる。しかるに主の晩餐は、その後いつの時代にも、「浸礼により信仰者となった会員の聖餐」が守られるべきであったということになる。ブースはこの書の最後の部分で、「ストリクト」という呼び方、呼び名についても考察し、その意味は「聖書に忠実であるところから呼ばれるようになった」呼び名であったと解説し、では逆に、そうでない人々とは、一体何者なのかと問いただした[113]。

　開放的陪餐主義を認めてしまうなら、そもそも英国国教会からバプテスト教会が分離した意味が不明確になり、揺らいでしまうゆえに、ブースはバプテストとの自覚をもつ人々は、バプテスト本来の立場に立つのか、幼児洗礼をも認める立場に立つのか、はっきりさせなければならないと力説する。

　旧約聖書のレビ記10章に、「祭司ウザ、ナダブ、アビブ」が、主の命じられた内容と異なる礼拝を捧げて神の怒りに触れたとの話が出てくるが、礼拝の守り方は旧約聖書の時代から極めて重要な問題であったとブースは指摘する[114]。またサムエル記上16章に出てくるサウル王と預言者サムエルの聖句を引用し、主の命令を自分の良かれと信じた判断で勝手に変えてしまい、服従しなかったことにより、王位を退く事になったサウルの逸話を例としてあげ、開放的陪餐主義者がいかに自分で良いと判断し、混合陪餐を執行したとしても、「それは神への従順の名にまったく値しない」ことなのだと断言していた[115]。そして、聖書が「一人の神、一つの信仰、そして一つのバプテスマがある」と述べていることを指摘し（エフェ4：5）、結論として「信仰者浸礼」のみが、交わり（communion）の前提となるべきことが聖書自体によって命じられていると再度主張したのであった[116]。

　アブラハム・ブースによれば、これこそは教会の秩序に関する本質的な教義なのであり、キリスト教の自由や隣人愛に関する教えとは一つ区別されるべきものであることを論じていた[117]。もしこれを同列に並べて混同してしまうなら、バプテストの教会形成論自体が、根底から崩されてしまうと考え

たからである。ブースはいみじくも次のように書いていた。「神の奉仕においては、私たちが命じられていることを行なわないことよりも、私たちがしてはいけないとされていることを行うことの方がより大きな罪になるのだ」と[118]。キリスト者の隣人愛の教えや「弱い者」を受け入れるべきだといった教えは、もちろん大切な聖書の教えであることをブースも認めるのであるが、それはバプテスマについての第一義的な教え以上に重要な教えではなく、この両者は、明確に区別されなければならないというわけである[119]。弱い者を受け入れることが、聖晩餐への参加許可だという保証は聖書にはない。ブースは自教会内にもしも幼児洗礼受領者で信仰告白式を済ませている会員がいても、そうした人も再洗礼ではなく、真のバプテスマである浸礼を受けなくてはならないのだと考えていた[120]。

11. アンドリュー・フラー（反対論）

　最後に、18世紀パティキュラー・バプテスト教会の神学においてストリクトなハイ・カルヴァン主義を抑えて、より福音主義的カルヴァン主義バプテストの流れを作り上げたとされるケッターリングのアンドリュー・フラーを取りあげて本論攷をまとめることにする。

　18世紀初頭に主流派であったストリクト・ハイ・カルヴァン主義的バプテストの神学を大胆に修正し、後にフラーイズム（Fullerism）と呼ばれた神学を構築し、穏健なパティキュラー・バプテスト教会を作り上げたとされる人物に、ケンブリッジシャーのウィケンにヨーマン（独立自営農民）の子として生まれたアンドリュー・フラーがいた[121]。彼はその若き日に、ハイ・カルヴァン主義的神学に疑問を抱き、特にその二重予定説の厳しさを緩和させるという仕方で、独自の神学を打ち立てたことで知られている。1770年、フラーは16歳で浸礼を受け、ソハム（Soham）のバプテスト教会員となった。彼はそこで献身を志し、1775年5月にその教会の牧師となるが、神学的にはなお数年の間、ハイ・カルヴァン主義的バプテストの立場を崩さずにいた。その彼が大きく立場を変え、ハイ・カルヴァン主義的神学と決別したのは、

ジョージ・ホイットフィールドの影響を受けたジョン・フォーセット（John Fawcett,1740–1817）、アルヴェリー・ジャクソン（Alvery Jackson,?–1763）、アーンズビーのロバート・ホール（Robert Hall,1728–1791）、オルニーのジョン・サトクリフ（John Sutcliffe,1752–1814）、ノーサンプトンのジョン・ライランド・ジュニアなどとの交流を経て、自らの地道な神学研究の結果、1782年に主著『万人を受け入れる価値ある福音』（The Gospel Worthy of All Acceptation）を執筆してのことであった[122]。

　ここでフラー神学の詳細な解説は割愛するが、彼の神学の特色は、宗教改革者カルヴァン自身の神学の回復にあったといわれ、パティキュラー・バプテストの一員として二重予定説を受け継ぎつつも、その救いの「限定の厳しさ」を緩和させたところに存したといわれる。キリストの贖罪は、全世界を救済するに足るものであったが、神の永遠の初めの二重予定を受け入れ、誰が救いに選ばれ、誰が滅びに棄却されているかは人間には判断できないゆえに、全ての人間に対する福音宣教を教会の課題と改めて捉え直し、主張したところに彼の神学の特徴があった[123]。

　フラーは1782年ケッターリングに移り、先にも記したようにケッターリングのバプテスト教会に就任したが、1815年にその地で死没するまで、18世紀後半のパティキュラー・バプテスト教会の主流派を形成する神学活動、神学諸論争を展開していった。またフラーといえば、ウィリアム・ケアリ（William Carey,1761–1834）の熱心な要請に応じ、それを全面的に支持して設立した「バプテスト宣教会」（Baptist Missionary Socirty,1792）の最大の支援者であり、その活動継続のために重責を担った人物としても知られている。

　さてこのフラーであるが、彼は開放的陪餐主義の主張に関しては、一貫して反対の立場を貫いたと伝えられている。フラーは1799年に彼が著した『初代教会の訓練、例証と執行』（The Discipline of the Primitive Churches Illustrated and Enforced,1799）の中で、教会において無秩序な主張を行う人々に対し、わたしたちはどのようにそれを受け止め、扱うべきかを丁寧に説き明かしていたが、開放的陪餐主義者への対応も、彼がそこに示した考えに従ってなされていた[124]。

　開放的陪餐に関する具体的なフラーの言及は、1800年頃と年代は定かで
はないが、フラーの全集に収録されている『友人への3通の手紙、ジョン・
カーター師のバプテスマと混合陪餐に関する厳格な考えは、アブラハム・ブー
ス師の弁明によって批評が行われている』（*Strictures on the Rev. John Carter's
Thoughts on Baptism and Mixed Communion, Three Letters to a Friend in which some
Animadversions are made on the Rev Abraham Booth's Apology.*）の中に残されてい
た[125]。その中でフラーは、「幼児洗礼受領者が、自らのパンフレットをそも
そもアブラハム・ブースに対して示し、自分たちの考えを表明した上で、バ
プテスト教会における混合陪餐執行について支持を表明する提案をしてい
た」とし、以下のようにそれを批判していた。「彼らはバプテスマが、主の
聖晩餐に不可欠のものであることを認めているが、自分たちが受けた幼児洗
礼にもバプテストの信仰者浸礼にも、どちらにも有効性があると考えて、自
らのバプテスマの誤りについて一向に認識していない」。そしてその誤りを
ブースが『バプテストのための弁明』の中で指摘し、「幼児洗礼受領者はバ
プテスマを受領しているとはいい難い」と論ずると、彼らはブースを激し
く非難したが、フラー自身も、その立場はブースと同じであると述べてい
た[126]。

　正しいバプテスマが聖晩餐には必要であり、その形式は浸礼なのであって、
バプテスマ志願者が浸礼を受けるにふさわしいか否かは、教会にその判断を
下す義務があるとフラーは記していた。彼は、ジョン・バニヤンの教会とそ
れに類する立場を採る教会は、確かに混合陪餐を認めるバプテストではある
が、バニヤンたちをみてバプテスト教会全体を同様に判断することは誤りで
あり、自分たちは混合陪餐を一切否定する厳格なバプテストなのだと記して
いた[127]。

　またフラーは前述の通り、バプテスト宣教会の支援者（書記）として、宣
教会の広報を引き受け、その活動のための募金収集活動まで行っていたが、
その講演旅行中、スコットランドで福音的エキュメニズムの立場に立つ人々
とも交流を持つことがあった。そしてそこでは、海外宣教においては、まず
「信仰を持っていない人々をクリスチャンにすることが第一義的課題である

とし、バプテストであることは二義的な課題である」と述べて募金への協力を依頼していたのであった[128]。ところが東インドの宣教地、セランポールから届いたウィリアム・ウォード（William Ward,1769–1823）ら現地宣教師会からの開放的陪餐執行の伺い、「一つの主のテーブルに与れない悩み」については、フラーは一貫して反対を通告し、それを決して許さなかったのであった。

　フラーはこのときは自分自身の考え、反対理由を詳しく示し、開放的陪餐は「聖書的根拠が乏しい」こと、また新約聖書における秩序、とりわけ「最初の主イエスの晩餐の秩序に反する」ということをあげて異議を表明していた。宣教地といえども、聖書の教え通り、信仰者バプテスマ、全身浸礼（immersion）を実践すべきこと、そして浸礼受領者のみの閉鎖的陪餐を守ることを本国から指導したのであった[129]。

　18世紀後半の、いわゆる信仰復興運動の影響を少なからず受けたアンドリュー・フラーでありながらも、カルヴァンの二重予定説の教えを基本的に継承し、閉鎖的会員主義、閉鎖的陪餐主義を断固として譲らなかったところに、フラーの注目すべき立場が見いだされるといわれる[130]。この宣教地の問い合わせに基づくフラーの見解は1800年9月21日付けの返信書簡に詳しく言及されているので、もう少しその内容を紹介しておく。

　1800年9月の、セランポールのウィリアム・ウォード宛て書簡（*Thoughts on Open Communion*）には、以下のようなフラーの主張が記されていた[131]。フラーは冒頭に、ウォードの「聖書の聖晩餐の範囲は、真のクリスチャンであるすべての人々に及んでいるのではないか？」との質問に対し、次のように答えた。

　　「わたしにはあなたが、聖徒（sant）でありながら、何故か聖徒との交わりを願っていないかのように見えてしまいます。（中略）あなたは善良な人々が、教会の交わりにより受け入れられる正当なケースがあるといい、不道徳な罪を犯している人や、彼らが異端的考えを抱いている場合にのみ、聖餐から排除されるべきだという考え方をしているようですが、いかに教義やモラルにおいて他の仲間と一致していたとしても、ま

た他の仲間に敬意を抱いていたとしても、礼拝の省略や本質的な腐敗が
もしもそこに内在するとしたならば、それでは、あなたは英国国教会や
ローマ教会に対しこれまで反対してきた事柄を、あなた自身、正当化す
ることはできなくなってしまうでしょう。」[132]

　これはウィリアム・ウォードが宣教地で、ともに助け合って活動する他の
プロテスタント諸教派の宣教師たちと「一つの主の晩餐」を守れないかとい
う切実な願いに答えたフラーの親書であったが、フラーはそこで、バプテス
マの形式とは「わたしたちが、神、天使、そして人々の前で、自分自身を主
の所有とすることを宣言する行為であり、わたしたちがこの世にひとたび死
に、葬られ、そこから新生すること（ロマ6:3,4）をよく表すもの」でなけれ
ばならないと指摘し、それはいうまでもなく浸礼なのだと主張していた[133]。
そして幼児洗礼をバプテスマとして認めてしまい、そうしたバプテスマ受領
者と一緒に聖晩餐に与るとしたならば、「あなたは浸礼こそが正しいバプテ
スマであったと考えてきた自らの原則を、もはや維持できなくなるのだ」と
諭していた。
　フラーは、宣教会の現状については半年ごとにつぶさに報告を受けてい
たので、現地宣教師会の直面している諸問題については誰よりもよく理解
していた。しかしいかに信仰告白を済ませていた同労の宣教師であろうと、
受けたバプテスマが正しいものでない場合には、ともに聖晩餐に与ること
はやはり避けるべきだと結論したのであった。「目に見える交わり（visible
communion）の言葉（term）としての〈浸礼〉を省くことは、キリストの権
威によって世の終わりを拘束する典礼を完全に無視するか、その典礼の甚だ
しい腐敗を黙認することである」とフラーは書き、旧約聖書の列王記上に出
てくるアハブ王の妻イゼベルがイスラエルに偶像礼拝を持ち込み、礼拝と儀
式を腐敗させたことを例にあげて、幼児洗礼受領者と共なる聖晩餐を行うこ
とは絶対に許されないと、これに応じなかった[134]。
　セランポール宣教会に対するフラーの態度決定から、フラーの立場は極め
て鮮明に公表されたということができる。フラーは14年後に、再び宣教会

の閉鎖的陪餐主義について記していたが、それは宣教会に対する見解表明というより母国イングランドにおける同胞バプテスト諸教会に対して語られたものであり、インドの宣教師会の実践を例にあげて、なぜ閉鎖的陪餐に自分たちがこだわる必要があるのかを再度明らかにしたものであった。興味深いことは、そこでフラーは、現地宣教師会が独自の判断で一時期、開放的陪餐の執行に踏み切った事実があったことを伝え、彼らがその後、再び自ら議論を重ね、元の閉鎖的陪餐主義の実践に戻ったことを報告していた部分であった[135]。フラーはその中で、開放的陪餐主義者への理解を示しつつも、やはりそうした主張をもつ人々でさえ、フラーやブースが語る閉鎖的陪餐主義の正当性を頭から否定してしまうことはできないのではないかと、つまり、本来どちらが正論であったのかを、声を荒げることなく、静かに問いかけていた[136]。

> 「しかし、わたしたちの（バプテスト教会内に存在する）幼児洗礼を受けた兄弟たちが、わたしたちに開放的陪餐執行を真剣に求めているというのは本当の話なのだろうか？クリスチャンとして、彼らがわたしたちや他のすべてのクリスチャンとの交わりを望んでいることについて、わたしは彼らに対し最大限の信頼を寄せている。そして、そのことは彼らの願いであると同時にわたしたちの願いでもあるのだ。しかし、幼児洗礼受領者として、では彼ら自身は、他の人々の洗礼の正当性を確かめずに、誰であろうと何でも構わず、共なる聖晩餐をなにがなんでも行うことを望んでいるのだろうか？そこが問題なのだ。そして、わたしがこのテーマに関する彼らの著作をすべて読んだ中からいえることは、彼らは厳格な陪餐について不平を漏らすかもしれないが、彼らはそれを否定することはできないとうことなのだ。」[137]

12. ま と め
―18世紀後半の推移―

　さて、アブラハム・ブース、またアンドリュー・フラーの議論の後の展開

を考察すると、言葉による論争は双方その後も数年間にわたり継続されたことが分かる。ところがその間に、誠に不思議なことが起こって行ったのである。多くのパティキュラー・バプテスト教会が、開かれた陪餐主義に向かい、ゆっくりとその方向を転換していく様子が随所に見られたのである。論争の上では、閉鎖的陪餐主義の論理の方が、一見論理的であり、開放的陪餐主義の主張を凌駕し、打ち負かしたかのように見えたのであったが、開放的な、自由な陪餐主義の広がりを、彼らは止めることができなかったのである。

　この点について、ピーター・ネイラーは彼の論文の中に、以下のような独自の見解を披瀝していた。「18世紀後半、閉鎖的陪餐主義者のチャンピオンであったともいえるアブラハム・ブースは、その典礼のあり方とカルヴァン主義の関係の説明に明らかに失敗していた」というのである[138]。ネイラーによれば、それはウィリアム・バツフィールド、アンドリュー・フラーも同様だったということになる。ブースとほぼ同時代の開放的陪餐主義の熱烈な主唱者、ジョン・コレット・ライランドなどは、その対戦相手に劣らず強力なカルヴァン主義者であったとネイラーは指摘するのである[139]。ネイラーはそのことについて多くを述べていないが、同じカルヴァン主義に根差していながら、18世紀後半、開放的陪餐主義と閉鎖的陪餐主義が実際に二つに分れていたのだから、閉鎖的なグループはその主張を展開する以上、より詳しく、同胞バプテスト諸教会が賛同できるような神学的議論を提示すべきであったということになるのかもしれない。しかしこの点については、この時点ではまだ正確な、説得力ある評価を下すことはできないように思われる。

　19世紀の半ばになって現れる、いわゆる「ストリクト・バプテスト」、ノーフォークとサフォークの地方連合内で開放的陪餐主義に反対して自らのグループを形成して行ったジョージ・ライト（George Wright,1789-1863）、ウィリアム・ガズビィ（William Gdsby,1773-1844）、ジョン・ウォンバートン（John Warburton,1776-1857）、ジョン・カーショウ（John Kershaw,1792-1870）などが主張した議論は、18世紀の、ここに明らかにしてきた議論の中にはまだ登場していないということになるのである。いわんや、17世紀の論争では、

今日わたしたちが聖晩餐のあり方の是非を論ずる材料は、まったく揃っていないということになる。今日の議論の中で検証されるべき閉鎖的陪餐主義の神学的主張は、パティキュラー・バプテストの歴史の中では、かなり後半になって生じてきたものであるということになる。以下のことは、19世紀の論争解明を待たずに述べることは多少不適切かとは思うのであるが、こうした18世紀後半の事情を鑑みるに、おそらく英国のバプテスト教会の中では、正論を論じてきた閉鎖的陪餐主義が圧倒的支持を文字通り失っていったのであるから、その衝撃的事実に苦しむ著名なバプテストを前にして、開放的陪餐主義を唱えた人々は、逆にこれで本当によかったのかと自ら問い直すようになって行ったことが十分推測されるのである[140]。

　19世紀後半になると、パティキュラー・バプテストとジェネラル・バプテストの教会大合同、「バプテスト同盟」(The Baptist Union) 設立という出来事が起こってくるわけだが、その両教会の主流派の動きについていけないという諸教会が、イングランド・バプテストを二分する動きを見せていくのであった[141]。この事実は、主流派となった人々にしても残念極まりない出来事となったわけである。バプテストの一致を求めつつ、なぜかこのバプテスマの問題でしこりを残してしまい、実際に分裂を余儀なくされてしまったからである。そこでわたしたちは、次に、是非とも19世紀のこの問題の考察へと、先を急がなければならないのである。

【注】

1)　ピーター・ネイラー (Peter Naylor) は1936年ロンドンに生まれる。父は船乗りで、母はオペラのソリストであった。その後家族はデボンに移り、彼はその地のデイバートン・グラマースクールで教育を受けた。その間、彼は回心体験を持ち、ロンドンに戻りロンドン・バイブル・カレッジで学んだ。サフォークのアイ (Eye) でバプテスト教会の牧師となり、ベクレス (Beccles) ウェリングバラ (Wellingborough) で牧会経験を持つ。彼はまた優れた研究者でもあった。南アフリカのポチェフストルーム (Potchefstroom) 大学で「18世紀のカルヴァン主義的バプテスト」に関する優れた論文を執筆し学位を取得 (2001年)。その論文は2003年に *Studies in Baptist History and Thought* の第7巻として出版された (注2参照)。2007年8月17日、ケッターリングで死去。
　　ロバート・W・オリバー (Robert W. Oliver) は1936年にイングランドのベザース

デン・ケント（Bethersden Kent）に生まれる。幼少期にパティキュラー・バプテストの教会に家族が移ると、1954年にベザースデン教会で受浸。1956年以降、彼はロンドンのユニバーシティ・カレッジで学び、1959年に歴史学士号を取得した。1971年以降、イングランド、ウィルトシャー西部のエイヴォンのブラッドフォードでオールド・バプテスト教会の牧師となる。35年間ロンドンの神学校で教会史を教えた。彼は2006年に研究成果、*History of the English Calvinistic Baptists 1771-1892, From John Gill to C.H.Spurgeon.* を出版し、その第1章の4節に1772年から1781年までの聖餐論争を論じている。（以後、本書をR.W.Oliver, *History of the English Calvinistic Baptists* と略す。）また同書第3章の11節に開放的陪餐主義への動向を論じている。その後、このテーマに関する論文が他の研究者によって著されているかもしれないが、本論攷ではこの二人の著書を参考にしつつ、論争の経緯を探っていくこととする。

2)　Peter Naylor, Calvinism, Communion and the Baptists, A Study of English Calvinistic Baptists from the Late 1600s to the Early 1800s, *STUDIS IN BAPTIST HISTORY AND THOUGHT, Vol.7*, 2003,p.107.（以後、本書をPeter Naylor, Calvinism, Communion, と略す。）ちなみにクロスビーの当該箇所は以下である。T. Crosby, *The History of the English Baptists, From the Reformation to the Beginning of the Reign of King George I.* vol. III, 1740, London, p.45.（以後、本書をT.Crosby, *The History* と略す。）

3)　Ibid., p.45-46.

4)　Ibid., p.47

5)　J.B. のこれらの言葉は、バニヤンの著作には全く見出されないので、J.B. はバニヤンとは別人物であることが明らである。但しJ.B. が独立会衆派の一員であったこと以外、どのような人物であったかは定かでない。クロスビーの前掲書45頁には、independent reverend gentleman と J.B.のことが紹介されているのみである。

6)　拙稿、「『開放的陪餐主義』に関する17世紀パティキュラー・バプテスト派の議論―John Bunyan の開放的陪餐主義をめぐって－」、『バプテストの歴史と思想研究』、関東学院大学キリスト教と文化研究所研究論集3、2019年、p.61以下参照。

7)　Peter Naylor, *Calvinism, Communion,* p.109.『ジョン・ギルの「浸礼防衛」についてのいくつかの正当で必要な発言：もしくは、水を用いたバプテスマの聖書様式』という題名のパンフレットは、1727年にロスウェル独立会衆派教会の一員であったジョン・コガン（John Cogan,1689-1784）によって著された。コガンはそこで、マティアス・モーリス（Matthias Maurice,1684-1731）のバプテスマの主張を擁護し、閉鎖的陪餐こそ正しいあり方であるとの主張を展開している。以上、ピーター・ネイラーの論文109頁より引用。詳しくは原書を参照されたい。

8)　Peter Naylor, *Calvinism, Communion,* p.110. から引用。また J. Ivimey, *A History of the English Baptists,III*, London, 1830, p.373.（以下、本書をJ. Ivimey, *A History* と略す。）該当箇所を参照されたい。

9) Peter Naylor, *Calvinism, Communion*, p.110. から引用。B.Wallin, *A Sermon Occasioned by the Death of Mrs.Rebekah Cox*（London: J. Buckland *et al.*, 1769）, p.13, note.

10) Michael A. G. Haykin, *The Life and Thought of John Gill（1697-1771）, A Tercentennial Appreciation*, 1997. Brill, Leiden, New York, Köln, p.86. ギル研究文献にハイ・カルヴァン主義者の,1997.ブラインへの言及があるので当該箇所を参照されたい。

11) James Led Garrett, Jr, Baptist Theology: A Four-Century Study, Mercer University Press, 2009, p.92.

12) ブラインはギルの秘蔵っ子のように訓練され、ギル自身は彼のことを「自分の働きの初穂」と語っていたとされる。彼はノーサンプトンシャーの別のパティキュラー・バプテスト教会牧師ジョン・ムーア（John Moor,?-1726）の娘アン（Anne）と結婚し、パティキュラー・バプテストの交わりの中で成長した。ブラインに関する詳細は、J.Ivimey, *A History*, vol.3, pp.367,368,370,372 を参照。他に "Brine John". *Dictionary of National Biography*. London: smith, Elder & Co. 1885-1900, 1885. 来編纂。2004 年の *Oxford dictionary of national biography*（ODNB）London 等にまとめられているので、参照されたい。

13) Peter Naylor, *Calvinism, Communion*, p.110. から引用。John Brine, *The Baptists vindicated*, London, 1756, p.9.参照。

14) Ibid., p.110.

15) John Brine, *The Baptists vindicated*, London, 1756. pp.9-10.

16) Ibid., p.110.

17) R.W.Oliver, "John Collett Ryland, Daniel Turner and Robert Roninson and the Communion Controversy, 1772-1781", *BQ* 29.2（April,1981）, pp.77-79.（以下、本書を R.W.Oliver, Communion Controversy と略す。)

18) R.W.Oliver, *History of the English Calvinistic Baptists*, p.59.

19) James Culross, *The Three Rylands: A Hundred Years of Various Christian Service*, London:Elliot Stock,1897, pp.13-53.

20) Ibid., p.7

21) Robert Robinson, *History of Baptism and Baptists*, 1790. 本書は1817年にボストンでデヴィッド・ベネディクト（David Benedict）により再編され、History of Baptism and Baptists, by Robert Robinson として再刊されている。

22) Joseph Ivimey, *History*, IV, London, 1830, p.35.

23) ホイットレーの発見後、エドワードC.スター（Edward C. Starr）はニューオーリンズのバプテスト神学校で『カンディドゥス』の別のコピーを発見している。

24) 本書の出版された場所はロンドンとなっており、印刷は、J. Johnson, in St. Paul's Church Yard.と表紙に記され、販売価格は2ペンスであった。

25) 16頁というが実際には表紙も含めての事であり、3頁目から書き出されている。

26）R. W. Oliver, Communion Controversy, p.78. 参照。オリバーは両書がタイトルの相違や外観から、ターナーとライランドの二人により著されたことが余りにも長期間見過ごされてきたことに驚いている。

27）前者はリージェント・パーク・カレッジ、アンガス図書館にて原本を確認できるが、16頁といっても紙も薄く、見た目は本当に小さなパンフレットであったことが分かる。13頁から16頁までページ右下から約2.3センチ程鋭いナイフのようなもので切り取られ破損している。但し幸いなことにパンフレット内容の欠損はない。

28）Peter Naylor, *Calvinism, Communion*, p.110. より引用。

29）J. Gill, B*aptism a Divine Commandment to be Observed. Being a Sermon Preaxhed at Barbican, Octb.9.1765, At the Baptism of the Revernd Mr.Robert Carmichael, Minister of the Gospel in Edinburgh*（London. G.Keith *et al.*, 1766）pp.iii–iv.

30）Ibid., p.iii.

31）Ibid., p.iv.

32）J. Gill, *Infant Baptism, a Part and Pillar of Popery*（London : G. Keith *et al.*,1766）p.35.

33）Peter Naylor, *Calvinism Communion*, p.112.引用。

34）D.Turner, *A Modest Plea for free communion at the Lord's table; particulary between the Baptists and Poedobaptists. In a letter to a friend, Let us not therefore judge one another any mor. Rom.XIV.* 1772, London, p.4.（以下、本書をD.Turner, *A Modest Plea*. と略す。『カンディドゥス』の引用は全てオックスフォード大学リージェント・パーク・カレッジの原本から引用する。）

35）D.Turner, *A Modest Plea*. p.5.　Peter Naylor, *Calvinism*, p.112.にも引用がある。

36）Ibid., pp.5–6.

37）Ibid., pp.6, 16.

38）Ibid., p.16.

39）Ibid., pp.7,9.

40）Ibid., pp.7–8.

41）Ibid., p.8.

42）Ibid., pp.11, 16.

43）Ibid., p.12.

44）Peter Naylor, *Calvinism Communion*, p.113.参照。

45）John Aubrey, *Brief Lives*（*A modern English version.Edited by Richard Barber*）, The Boydell Press, 1982, p.301.参照。

46）Ibid., pp.301–302.から引用。

47）Alexander Gordon, *Dictionary of National biography*. London : Smith, Elder & Co.1885–1900, "John Tombes" Vol.57. 当該項目参照。彼はマグダレンで哲学と文学の修士号を取得したが、1624年には哲学と文学の博士号も取得していた。

48) 今関恒夫著『バクスターとピューリタニズム──一七世紀イングランドの社会と思想──』、ミネルヴァ書房、2006年、146-147頁参照。今関はバクスターを、シカゴ大学の教会史家ナトール（Geoffrey F. Nuttall）の分類に従って、長老派、中道左派という見方を紹介している。

49) 梅津純一著『ピューリタン牧師バクスター──教会改革と教会形成──』2005年、教文館、20頁から引用、及び38頁以下を参照。

50) Ibid., pp.301-302.

51) John Tombes, *A defence of infant-baptism in answer to two treatises, and an Appendix to them concerning it, lately published by Mr. Jo.Tombes*, 1648, London. Ric. Cotes for Steven Bowtell.（原書がJohn を Jo と略している。）

52) John Tombes, *A Just Reply, To the Books of Mr. Wills, and Mr. Blinman.*（with Mr. Baxters injurious Preface）For Infant-Baptism For Vindication of Truth and Integrity of Anti-Paedobaptists: In a Letter to Henry Danvers Esq.London.1675, pp.9, 33, 43, 50-51.参照。

53) John Tombes, *Anti-Paedobaptism: or The Third Part. A full Review of the Dispute concerning Infant Baptism*, London,1657, p.23. 以下にトゥームズの基本的見解が著されているので、さらに詳しくはこの書を参照されたい。

54) 幼児洗礼反対論に関する当時の反響に関しては、バプテストのサミュエル・リチャードソン（Samuel Richardson, if-1646）の著書、*Justification by Christ alone a Fountaine of Life and Comfort*, London, June 1647; reprinted in William Cudworth's *Christ alone exalted*, London, 1745.などを参照されたい。

55) T. Crosby, *The History* I, p.288. ジョン・トゥームズは、王政復古後、ロンドンに戻り1676年5月22日にソールズベリーで死没。5月25日にセントエドマンドの教会の墓地に埋葬されている。

56) ジョセフ・キングホーンは、1766年ダーラムに生まれ、バプテストのロバート・ホールの感化を受けて、1784年にはカレブ・エヴァンスの下、ブリストルアカデミーで学び、グロスター州のフェアホードで牧師となり、1789年からノリッジで奉職した。開放陪餐主義に徹底的に反対した多くの著作を持つ。

57) J. Kinghorn, *Baptism a Term of Communion at the Lord's Supper.* 1st ed., Norwich, [1816]; 2nd ed., Norwich, 1816. pp.100-101.

58) Ibid., pp.72-73.

59) R.W.Oliver, *History of the English Calvinistic Baptists,* p.66.

60) ギルが19歳でバプテスマを受けたのは、ケッターリングのウィリアム・ウォリス（William Wallis）のバプテスト教会であったが、浸礼は息子トマスからであった。

61) Ibid., p.67. また J.Ivimey, *A History*, Vol.IV, 1830, London, p.527 に、ジョン・ブラウンの詳しい解説があるので参照されたい。ブラウンはバタシーのパティキュラー・

バプテスト教会の牧師、ジョナサン（Jonathan Brown）とロンドンのホースリーダ
ウンのジェネラル・バプテスト教会牧師ジョーゼフ（Joseph brown）の兄弟であっ
た。1771年から1786年まで働いた教会は、彼が新しく設立した教会であったという。
その後、彼はロンドンに移り住み、1800年4月14日、Lymingtonで死没している。
George Moretonに関しては、1771年11月にはアーネスビーの教会員であったが、ジョ
ン・ブラウンの後任としてケッターリングで牧会し、1779年8月には辞任していたこ
とが記録されている。また、現在の「フラー教会」のホームページには、「1775年ま
でに、ジョン・モートンの下で会員は75名へと増加した」ことが記されている。

62）John Ryland, DD, *The Work of Faith, the Labour of Love, and the Patience of Hope,
illustrated; in the Life and Death of Rev. Andrew Fuller*, Late Pastor of the Baptist
Church at Kettering, and Secretary to the Baptist Missionary Society, from its
Commencement in 1792, pp.350–351. 参照。ここにKetteringの教会の事情が詳しく
記されている。この地の教会には長い歴史があり、そもそもは1650年に始まるジョ
ン・メイドウェル（John Maidwell）に遡るという。集会は自宅や他の集会所で持た
れ、彼の死後は、1696年トマス・ミルウェイ（Thomas Milway）が継ぎ、その後を
ウィリアム・ウォリス、さらに息子のトマス・ウォリスと引き継がれ、ジョン・ギ
ルはトマスの牧会の初期にこの教会の会員となっていた。トマスは1726年に死没し、
1730年3月まで教会は無牧時代を経験したが、ケッターリングにあった別の独立派教
会がロンドンからバプテスト派のジョン・ウィルソン（John Wilson）を招いた時、
その教会はバプテスト教会となり、ウィルソンが死んだとき、その会衆はトマス・
ウォリス亡き後のバプテスト教会と合同することになり、ロバート・ヘネル（Robert
Hennell）が牧会を引き継ぐこととなった。その後はジョン・ブラウン、ジョージ・モー
トンと引き継がれ、アンドリュー・フラーへと受け継がれた。フラーの後は、副牧師
としてフラーを看取ったジョン・キーン・ホール（John Keen Hall）が牧師となった。
現在のケッターリングにあるフラー教会は、1769年、1786年、1805年と拡大増築さ
れている。

63）Peter Naylor, *Calvinism Communion*, pp.114–115. 参照。

64）Ibid., p.115.

65）Ibid., p.115.

66）Ibid., p.115.

67）John Brown, The House of God Opend and His Table Free for Baptists and Paed-
baptists, 1777, Southwark: and sold by J. Johnson; and by Piercy, Coventry, London,
pp.3–4,7 参照。（repr. ECCO Books, 以下、本書をJohn Brown, The House of Godと
略す。）

68）Ibid., pp.6,22.から引用。

69）Ibid., p.14.から引用。

70）Ibid., p.16. から引用。

71）Ibid., pp.17–20. 参照、括弧内引用。

72）Ibid., pp.17–20. 参照、括弧内引用。

73）Bobby Jamieson, Going Public: *Why Baptism is Required for Church membership.* B&H Publishing Groop, Nashville, Tennessee, 2015.p.179.　William Buttfield, *Free communion an Innovation: or, an Answer to Mr.John Brown's Pamphlet.* London, 1778; repr., Hampshire, UK.: ECCO.18–1; and R. B. C. Howel, *The Terms of Communion at the Lord's Table,* (Philadelphia: American Baptist Publication society, 1846; repr., Paris, A R :Baptist Standerd Bearer,2006), pp.85–88.　他 に、William Buttfield, Free communion, A lecture given by the Revd C.E. Charlesworth, of Luton, and published by the Dunatable Borough Gazett,4 July 1917, p.112, refers to Buttfield as Buterfiled, and gives the dates of his Thorn pastorate and his decease. 参照。なおバッフィールドのこのパンフレット原本（一次史料）は、オックスフォードのリージェント・パーク・カレッジ、アンガス図書館にあり確認できる。表紙が一部欠損しており、タイトルは*Free communion an Innovation,* とだけ記されている。全44頁。（以下、本書を William Buttfield, *Free communion,* と略記する。引用は全て原本による）。

74）William Buttfield, *Free communion,* p.2.

75）Ibid., p.9.

76）Ibid., p.112.

77）Joseph Ivimey, *A History,* Vol. IV, p.32.

78）William Buttfield, *Free communion,* p.13.

79）Ibid., p.14.

80）Ibid., pp.14–15.

81）Ibid., p.22.

82）Ibid., p.23.

83）Ibid., p.23.

84）Ibid., p.39.

85）Ibid., pp.40,42.

86）Ibid., p.44.

87）R.W.Oliver, *History of the English Calvinistic Baptists,* p.81.

88）Ibid., p.81.

89）Gordon Grant, *John Ryland Jr.（1753–1825）in Michael Haykin,*（ed）*The British Particular Baptists 1638–1910,* volume2. Springfield, Missouri: Particular Baptist Press, 2000, pp.5–12.

90）William H. Brackney, *Historical Dictionary of the Baptists,* Second Edition, The Scarecrow Press,Inc.209,U.K.p.500（以 下、本 書 を William H. Brackney, *Historical*

Dictionary と略す。)

91) John.Ryland, Jr, *A Candid Statement of the Reasons which induce the Baptist to differ in Opinion and Practice from so many of their Christian Brethren* (London:W.Button,1814),p. x.

92) Peter Naylor, *Calvinism Communion*, p.119. から引用。

93) Ibid., p.120. から引用。

94) William H. Brackney, *Historical Dictionary*, pp.500-501.

95) Ibid., p.120. から引用。

96) William H. Brackney, *A Genetic History of Baptist Thought: With Special Reference to Baptism in Britain and Noth America.* Macon, GA: Mercer University Press, 2004, pp.15-21.

97) William H. Brackney, *Historical Dictionary*, p.99.

98) William Jones, An Essay On The Life and Writing of Abraham Booth: Late Pastor of the Baptist Church(1808), Liverpool, p.4.（以下、本書を William Jones, An Essay On The Life and Writing と略す。)

99) Ibid., p.15.

100) Ernest A Payne, Abraham Booth,1734-1806, *Baptist Quarteriy*, vol.26, No.1, p.31.（以下本書を Ernest A Payne, Abraham Booth, BQ, と略す。) ブースの詳細は、以下を参照。J. R. Godfrey's *Historic Memorials of Barton, Melbourne and other General Baptist churches.* (1891). 彼の職業、結婚、当時のバートンの様子がある。また、拙論、「バートンにおけるジェネラル・バプテスト『ニュー・コネクション』の起源」(2013年) なる論攷が、関東学院大学キリスト教と文化研究所、所報第11号、183頁以下にある。

101) Ibid., p.28.

102) Abraham Booth, *An Apology for the Baptist; In Which They Are Vindicated from the Imputation of Laying an Unwarrantable Stress on the Ordinance of baptism. And Against the Charge of Bigotry in Refusing Communion at the Lord's Table to Paedobaptist.* Boston. 1808. 本書はForgotten Booksなどから再刊されているが、原本はOxford リージェント・パーク・カレッジのアンガス図書館に現存する。図書館には現在二つの別の版が所蔵されており、一つは1778年の初版と思われるもので、全145頁、4章からなる。前書きの署名の前に、GOOD MANN'S FIELDS, March, 3, 1778と記されている。もう一つは1812年の版で、それが何版であるかは不明。全195頁の改訂版である。また米国ミシガン大学図書館が、電子図書として原本を公開している（以下、本書を Abraham Booth, *An Apology* と略す)。本論攷では1808年版から引用をしている。

103) Ibid., p.120. Peter Naylor, *Calvinism, Communion*, p.120.

104) William Jones, An Essay on The Life and Writing, p.30.

105) この書名のもう一つの意味は、閉鎖的陪餐主義がバプテスマのあり方について「厳格

すぎる」といった評価を与えられてきた事実を認め、教派としてのバプテストが、こ
の問題に関して明確さを欠いたことについて、「周囲の諸教会に謝罪（Apology）する」
といった意味が込められたれていたとの見方もある。

106) Abraham Booth, *An Apology,* pp.18-19.

107) Ibid., p.57.

108) Ibid., pp.35-36.

109) Ibid., pp.37.

110) Ibid., pp.18.

111) Ibid., p.37.

112) Ibid., pp.31-33.

113) Ibid., p.138.

114) Ibid., p.70.

115) Ibid., p.81.

116) Ibid., p.179.

117) Ibid., pp.99-100.

118) Ibid., p.30. ブースは、「神の礼拝においては、神の任命を考慮しない限り、従順も信
仰もあり得ない」と述べ、バプテスマの方法を変えることや、混合陪餐を行うような
ことは「不忠実」となるのであり、「反乱」「大罪」となると厳しく糾弾している。

119) Ibid., p.100.

120) Abraham Booth, *An Apology,*

121) R.W.Oliver, *History of the English Calvinistic Baptists,* p.94.

122) H.Leon McBeth, *The Baptist Heritage,* Broadman Press, 1987, p.182.

123) 拙稿、「アンドリュー・フラーとバプテスト伝道会 - フラー神学の紹介」、『バプテス
トの宣教と社会的貢献』バプテスト研究プロジェクト編、関東学院大学キリスト教と
文化研究所、研究叢書2、2009年、15頁以下参照。

124) Andrew Fuller, *THE DISCIPLINE OF THE PRIMITIVE CHURCHES ILLUSTRATED
AND ENFORCED,* The Missionary Magazine for 1799, A Periodical Monthly
Publication, Intended as A Repository of Discussion, and Intelligence Respecting
The Progress of the Gospel Throughout the World.Vol.4, Edinburgh, 1799, pp.394-
405.

125) Andrew Fuller, *Strict ures on The Rev John Carter's Thoughts on Baptism and Mixed
Communion Three Letters to a Friend in which some Animadversions are made on Tthe Rev
Abraham Booth's Apology,* London, Williams and Amith, 1800?. Joseph Belcher, *The
Complete Works of the Rev. Andrew Fuller, Volume III,* 1845; 1988. Document provided
by David Oldfield, Post Falls, ID. p. 501 （以下本書を The Complete Works of the
Rev. Andrew Fuller, Volume II, または III と略す。）

126) The Complete Works of the Rev. Andrew Fuller, Volume III, p.502.

127) Ibid., p.503.

128) Peter J. Morden, *Offering Christ to the World, Andrew Fuller (1754–1815) and the Revival of Eighteenth Century Particular Baptist Life,* STUDIES IN BAPTIST HISTORY AND THOUGHT Vol.8, Paternoster Press, 2003, p.148.

129) Andrew Fuller, Thoughts on Open Communion, In a letter to Rev. William Ward, Missionary at Serampore, Dated September.21, 1800. *The Complete Works of the Rev. Andrew Fuller,* Volume III, p.503.

130) William H. Brackney, "Transatlantic Relationships: The Making of an International Baptist Community", Chapter 3, edited by D.W. Bebbington, The Gospel in the World, STUDIES IN BAPTIST HISTORY AND THOUGHT,Vol.1, Paternoster Press, 2003, p.53.

131) The Complete Works of the Rev. Andrew Fuller, Volume III, pp.503–504.

132) Ibid., p.504.

133) Ibid., p.505.

134) Ibid., p.506 ただフラーはその書簡の文末に、宣教地での他教派の同労者たちに対しては、「愛を示しつつ、彼らにも耳を傾けながら、『耳のある者は、霊が諸教会に告げることを聞くがよい』」（黙示録2章7節）と締めくくっていた。

135) Ibid., p.669. Strict Communion in the Mission Church at Serampore.Jan.28th,1814.

136) フラーの *The Complete Works of the Rev. Andrew Fuller* の508頁には「新約聖書と矛盾する、主の晩餐へのバプテスマを受けていない人の参加」（*The Admission of Unbaptized Persons to The Lord's Supper Inconsistent with the New Testament*）なる一通の「友人への手紙」が収録されている。それは、第3巻の1988年の再版であって、508頁以下に出てくる。そこには、フラーが閉鎖的陪餐主義の正しさゆえに、開放的陪餐主義者が閉鎖的陪餐を正しい典礼として認めることを強く要求する言葉が最後に記されていた。また開放的陪餐に関しては、もし正しいバプテスマを受領していない人（つまりフラーに言わせるならば、幼児洗礼受領の信仰告白者）を聖晩餐に迎えるとしたならば、問題になることは「それがキリストのみ心から逸脱していないかどうか」という事柄であり、それが考えられねばならないと述べていた。そして誠に驚くべきことに、「わたしは、キリストのみ心からという良心的説得によって実施された開放的陪餐であるならば、それを認める」との言葉を残していた。但し、この手紙は当時一般に公開されていなかった。以下を参照されたい。

"Dear Brother, I have sent you Dr. Baldwin, which you may keep till I see you if it be for half a year. Also a manuscript of my own . . . .and I wish none to see it but yourself, and that no mention be made of it. If any thing be written on the other side, it may, if thought proper, be printed, but not else. Yours affectionately,

Kettering, Jan. 16, 1815. *A. Fuller.* すなわち、この手紙はフラー自身により少なくとも
半年以上は未発表のまま保管されていたことが分かる。この手紙は友人だけに見せた
もので、友人が必要を認めない限り、半年と限らず、公にしないようにとフラーは念
を押している。1988年再版前の、いつの段階で公にされて来ていたかは不明である。

137) Ibid., pp.669-670. 但し、引用文の（　）内は筆者の付加。

138) Peter Naylor, *Calvinism, Communion,* p.123.

139) Ibid., p.124.

140) ロバート・ホール・ジュニアが開放的陪餐主義を支持するようになったとき、彼は厳
格な閉鎖的陪餐主義者が以前は当たり前であった自己の立場の圧倒的多数を失うとい
う衝撃に苦しんでいる状況を認識し、この論争における勝利感などはまったく感じな
かったしそれを自慢するようなことも慎み控えたといわれている。ロバート・ホー
ルはレスターシャー、ハーヴェイ・レーンでの牧師就任時代、自分の閉鎖的会員主
義の教会とは別に、幼児洗礼を受領した会員を含む集会（Little Church）を同時に
設立していたが、聖晩餐のパンと盃は、ホール自身が管理し、それぞれに聖餐を執
行していたという。彼の教会にはどちらも溢れる会衆が集い、彼の牧会はどちらも
極めてスムーズに行われたという。S. Mitchell, *Not Disobedient: A History of the United
Baptist Church, Leicester, including Harvey Lane 1760-1845, Belvoir St 1845-1940 and
Charles St 1831-1940* (Leicester : printed privately for the United Baptist Church,
Leicester,1984), p.51.参照。ピーター・ネイラー前掲書、124頁から引用。

141) Ernest A. Payne, *The Baptist Union a short history,* London, 1958, Third impression,
1982, pp.1-14.

・　なお、本論攷の本文ではすべて「イングランド」との表記をしているが、論文タイト
ルのみ「英国」と標記している。

第2章　熊野清樹を通して見る日本の バプテスト（1）
―誕生、幼少期から受浸に至るまで―

内藤　幹子

　日本のバプテスト史を学ぶ時、あるいはとりわけ「教団合同」の諸問題を学ぶ時、熊野清樹（ゆや・きよき、1890-1971）の名を見ない者はないであろう。とりわけ戦中戦後期の日本バプテスト連盟内外に大きな影響を与えた、日本キリスト教界指導者の一人である。

　一方、熊野そのものの生涯あるいは思想の全体像を提示する資料は非常に少ない。自身の存命中にまとまった形で発表した単著のようなものもなければ、1983年に出版された説教集『一切を捨てて』（ヨルダン社）を除き、まとまった形で熊野について扱った書物は、少なくとも公式な形では未だ著されていない[1]。そのため熊野はある意味、ミステリアスな存在として、断片的な形で後世に語り継がれるようになった。「神格化された存在」と評されることもあるほど、強烈なインパクトを残した人物として捉えられる一方、その具体的な仕事（とりわけ創設時より1960年代の日本バプテスト連盟における諸施策に及ぼした影響）について、その説教や神学について、その人物像について、詳細かつ全体的に知ることは未だ叶わない人物である。

　2年後には、熊野の召天から50年の時を迎える。残念ながら、恐らくすでに重要な資料は散逸していると考えられるし、生前の熊野について知る年代の人々もこれから増々少なくなってゆく。この機を捉え、可能な限り包括的に熊野の生涯および思想、仕事の全体像を把握し、それらを通して日本のバプテストの歩みを新たな角度から今一度見つめてみたい。そのような願いを持ち、筆者は資料収集に着手した。しばらくの間、少しずつ発表の機会を得ながら、この課題に注力して参りたい。

　本稿ではとりわけ、資料としては熊野本人の文章に多くの部分を依拠しつつ、その誕生、幼少期から受浸に至るまでの道のりを可能な限り詳細にたどっていくことを目指す。なお、本稿に限り「熊野」姓の人物が多く登場するため、熊野清樹については「清樹」と表記する。

1.　誕生と幼少の頃

　「九州に於けるバプテストの伝道の歴史と私とは偶然にもその年を同じくしておるのでありまして、バプテストの伝道所が若松の鶴原五郎氏宅に開設せられましたのが明治23年（1890年）11月3日であります。恰度その1ヶ月前即ち10月3日に私は熊本市の花岡山の麓で生れました」[2]。熊野清樹は熊本県熊本市黒髪町大字坪井770[3]にて、父・清成[4]、母・初子[5]の7人兄弟の6番目（四男）として誕生した[6]。誕生当時のエピソードを、浅見祐三が「清樹ノート　自伝幼少期」なる資料に基づき記している。

写真1　熊野清樹生家

　当時父清成は警察官をしており、単身天草に渡っていた。父清成から

身重でいる妻初子に手紙がきた。その手紙には妻が「ごらんなさい。私は日蓮さんを産みました」と大きな男の子を抱いて海を渡ってきた、という夢を見たとのことが記されていた。「それ故今度産れるのは、きっと男の子にちがいない」とも記されていた。その后父の夢は正夢となり、大きな男の赤ちゃんが誕生した。人々は「日蓮さん」とか「大佛さん」「西郷さん」とかの大きなニックネームをつけて彼を呼んだ[7]。

　父・清成についての資料を見出すことは困難であるが、加藤亨が貴重な記録を残している。恐らく、師であった清樹から語り聞かされていたのであろう。

　先生の父君の少年時代、郷里熊本で、後に明治天皇の侍講になられた元田永孚先生の塾に通っておられた時のことである。大雨の降ったある日のこと、新屋敷の元田先生宅におもむこうと途中まで来ると、白川が増水し、濁流がさかまいていた。同輩の少年たちは、「これでは渡れぬから帰ろう。どうせ今日は休講だろう」と口々にいって引返そうとした。「我々が普段、水泳を学んでいるのは何のためだ。こういう時に備えてではなかったか。泳いで渡ろうではないか」「それは大馬鹿者のすることだ」「よし、では俺だけその大馬鹿者になろう」、熊野少年は着物を脇差しにくくりつけ、片手に高くかかげて泳ぎきり、先生宅に参上した。「こんな日によく来たものだ」「別にお休みのお知らせもございませんでしたので」「他の者達はどうした」「これこれで途中より引返してしまいました」「そうか。いかにも君だね。よろしい。今日は講義をとりやめ、書をかいてあげよう。紙を買って来なさい」、紙を買って戻って来ると、元田先生は縁側に用意を整え、腕組して瞑想しておられた。「墨をすりなさい」、かたわらに坐り、墨をすりおわると、やおら筆をとり、書き上げられたのが次の句である。
智謀不羨況功名　方寸自存一箇誠　造次唯能懐君切　波瀾萬変郡須驚
（他人の智恵や才能がどんなにすぐれていてもうらやまない。ましてや

功名もうらやまない。小さな胸の中には、一箇の誠が備えられていて、かた時も忘れずに、ひたすら主君を思っている。どんな変化が起ろうとも驚かない。)

　以来、この掛軸は熊野家の家宝となった。父君は臨終の床にこの書を見上げつつ逝かれたという[8]。

　清樹は母に抱かれて生後50日目に父・清成の任地であった天草に移り、1892 (明治25) 年には熊本県人吉へ転じた。幼少期を過ごした人吉の印象を、清樹は次のように紹介した。

　　三歳の時更に人吉に行きました。あの「落ち行く先きは九州相良」で有名な相良の城下です。三急流の一つである球磨川が町の中央を貫いて流れておつて文字通りに山紫水明の天地です。…丁度十年人吉生活をしましたが揺籃の地を天草としますならば人吉は私に取りて當に竹馬の時代であります。幼稚園、小學校の六年間を過しましたが今も鮮かに記憶に殘る竹馬の友の幾人かがあります。その頃はまだ汽車開通前のことで町も落ち着いた本當に静かな別天地でした[9]。

　人吉時代に、清樹は宗教的なものに心惹かれた思い出として、三つのエピソードを披露している。一つ目は人吉の寺院に遊んだ印象である。

　　少年時代から私はどう云ふものかお寺が好きで祖母にお守りされてゐる頃から自分で好んでお寺に遊びに行つたものです。観音寺、大禅寺[10]、願成寺、永國寺、林徳寺[11]等、人吉に在るお寺の名は今でもよく憶えてをります。又各寺の和尚からも非常に可愛がられて観音寺の和尚からは聯珠を教へられ、大禅寺の和尚からは小僧に所望せられたことも記憶してをります。薄暗い大禅寺の御堂に掛けられた地獄極樂の繪卷その他の佛像佛畫に見惚れて家に歸るのを忘れたのも度々でした[12]。

　二つ目は、当時住んでいた借家の家主の甥にもらったという本のエピソードである。

　　幼稚園時代でしたが吉無田孝夫と云ふ同志社の學生の人が夏休みに歸省してをる時私に英語のリーダーをくれられました。家主の甥で實に立派な人でした。肺病で亡くなりました。幼兒ながら心から其人の死を悲しんだことを記憶してをります。その英語の本に澤山色々の繪がありました。印象に殘つてるのでは「老人が子供を積まれた薪の上にのせて片手に短刀を翳して今に一突き」[13]と云ふのや、「王様の前に爭ふ二人の女の間に兵士が赤坊を片手に下げて今に眞二ッ」[14]と云ふところの繪や、又「手に手に槍をもつた眞黒の土人達が群り逃げる後に一白人が肩先きをライオンに喰まれてる繪」[15]など、今と違つて雜誌繪本のなどの無い而も田舎町の子供の目に心にそれはどんなに大きな贈りものであつたか分りません。當分は大事な私の貴重品として殘されてゐましたが移轉に移轉、時代も世も人も幾變遷する中に何時何所で如何になつたか影を消してしまひました。時々何かの機に吉無田孝夫氏と共にその書物、左様、私が生れて初めて手にしたその書物を思ひ偲ぶのであります[16]。

　三つめは、友人とその家庭での「キリスト教」との出会いである。

　　…幼時の友達の一人に落合明と云ふ少年がありました。非常に善良な性質の子供でしたが何故か他の子供達からいじめらるゝので自然と私はその子供に同情をもつやうになり進んで味方をして無抵抗のその子供に代つて他の小さき迫害者共を向ふに廻して保護の任に當つてをりました。私と一緒にをることが比較的に安全なところから先方でも接近し兩者は親しくなり互に往復するやうになつたのでありますが、時々遊びに行きますと大人子供二十許り集つて歌を歌つて何か儀式をやつてをるのです。私も誘はれてその列に加へられ横線の歌本を見せられたが解らない。正面には等身大の或る人の像が安置され、兩側には陰惨な壁畫が掛

けられてあり何かしら薄氣味悪い心地もするが人々は非常に親切で優しいので段々それらの人々にも親しむやうになり或る時は神父様が鹿兒島からお越しになるからお出迎へに行くのだと一行に連れられて私も大畑と云ふ處迄行つたことがあります。神父様が何か知らないけれ共體格の立派な方で黒の法服に胸には銀の十字架をさげ髪はオールバックに長い髯が胸に垂れ、落合君の家では特別に作られた大きな座布團が神父様のために用意されてゐたこと、信者の人々が代る代る出て神父様の手に接吻するのを見て變なことをすると思ひながら自分の番に廻つてきたらどうしやうかと心配してゐましたが私はたゞ前に行つて兩手をついて鄭寧にお辭儀をして席に踊りましたが兎に角偉い人であらうと思つてジット神父様の顔を眺めてをりました。時々遊びに行つては鶏や家鴨の群を鳥家に追ひ込む手傳ひをさせられましたが、落合君は私にとりて實に善い友達であることを知り、又その家庭は普通の家庭とは違つて静かな清い家庭だと思つてよく遊びに行きました。

　これも今から思へば矢張り私の生涯の準備として主の聖手の裡に置かれてゐたのではないかと想ふのであります[17]。

2.　少年時代と両親

　清樹は1897（明治30）年3月に私立人吉幼稚園を卒業し、同年4月、人吉舟場尋常小学校に入学した。小学生時代の家庭生活を振り返り、清樹は次のように記している。

　私の家は大へん貧乏ではありましたが幸せなことに平和団欒の家庭でありました。父はどちらかと云うと厳格な人でありましたが可なり理想家で子供の教育に就ても心を用いてくれました。
　今でも時々思い出して惜しいことをした、と思うものがあります。それは古い食卓であります。母から聞かされた話ですがその食卓はもとは可なり高い卓であったのを、子供の為にと父が低く脚を切らせたと云う

ことであります。家庭団欒の中心をなした食卓でありましたが移転移転で東京への引越しの際福島に残されてしまいました。厳しい一面そうした心づかいを子供の為にしてくれたかと子供ながら心ひそかに父に感謝したものであります[18]。

　わたくしはよく「私は貧乏に生れ貧乏に育ち、今日にいたるまで貧乏をしてきました」と話してきました。いかにも貧乏を誇らしげに話してきました。しかしいったいどれほどの貧乏をしてきたのでしょう。・・・わたくしなど子供の時から怠け者で、あまり勉強もせず、働くこともしませんでしたが、その結果として一日三度の食事を欠いたような記憶はありません。ただ、ぜいたくな友だちの生活とくらべて、そんなぜいたくはできなかったという程度の貧乏であります[19]。

写真2　1895（明治28）年12月1日
後列右が父・清成、前列右が母・初子、前列中央が清樹

「厳格な父」の思い出については、次のような文章を記している。

　私が小学生の頃であった。習字をしていると、突然、うしろから、「そんな姿勢で活きた字が書けるか。まず、姿勢を正しくしなさい。」と父が私の両肩に手をかけて、グイと背骨をうしろに引き起こした。そして、今度は、「なんだ、おまえは全身力みかえっているではないか。力を入れて書くと力の入った字は書けぬ。全身の力を抜きなさい。肩から、手から、指から力を抜いて、筆を抜き取られても墨が指につかないぐらい

に柔らかに筆を持って、大きく座敷一杯に書くような気もちで机の上に広げた紙の上に、一点一劃に書いてゆく、最初はなかなか思うようにはゆかないが、練習しているうちに書けるようになる。その心持ち、その要領で練習をやってみなさい。」と言って、父は私の後ろに立ってみている。私は言われたように書いてみたが、みみずのはったような字しか書けない。そんなことは大人には出来るが子供には無理だ。早く、親爺があっちに行ってくれるとよいが、と思いながら、みみずのはったような字を書いていた。父が去ると、再び旧姿勢にかえり、依然として自己流に力を入れて力の入った字を書くべく稽古を続けた[20]。

また、少年時代の父母の教育のあり方を伝える次のような文章が残されている。

　両親はどちらも厳格な方でありましたが、どちらかと云へば父はスパルタ式で母は幾分自由教育と云つた方であつたかと思ひます。兄は従順な性質でありましたので父は兄を文人に仕立て乱暴な私を武人とするつもりでありましたでせう。特に私に對する教育訓練は酷しかつたやうであります。

　寒い時に両手を懐中に突き込んで歩いているのを見つかりますと直ちに叱られました。又暑い時に畳に手をついて横坐りをしてをりますと、「それは犬の坐り方で人間の坐り方ではない」と云つて叱られ、歩く時の姿勢、習字をする時、食事の時の姿勢など一々叱られては矯されたものであります。

　或る夏の夕でありました。近所の子供たちと涼題を持ち出しまして夕涼みといつた態で仰向けに青空を眺めて星ども數へてをりました。すると間もなくギユツ、と靴の音が門内に消えてゆきました。同時に私の心の扉は忽ちにして閉されてしまつたのであります。父が歸つたのだ。もう油断がならぬ。何時叱らるゝか分らない。警戒をせねばならぬ、と私の心は然う云つた氣持になりました。果せるかな私の名を呼んでをりま

す。何も叱られることはないがと思ひながら父の許に参りました。「涼台に横になっていたのはお前か」「ハイ」「どこからあんな眞似を見習つてきた」「・・・」「お前は將來帝國の軍人にならうとしてゐるのぢやないか、それにあの老人めいた態は何だ、子供のくせに夕涼みとは何事だ」と叱られました。私は俯いたまゝ何も答へずジットしてをりました。併し私の胸の中は不審であり不滿でありました。近所の友達も同様に涼台に寝て遊んでをるのにどうしてあの人達は叱られないで自分だけがこんなに叱られねばならないのであらうか一向合點がゆかなかつたのであります。でも早くお詫びを言はねば何時までも小言が續くから早くお詫びを云つた方がよいと思つて「私が惡う御座いました」とお詫びを申しました。漸く赦されて私は泣きながら別室に退きましたが私の心は決して釋然としてゐたのではなく又本當に惡かつたと思つてをつたのでもありませんでした。

　すると今度は母が呼びつけられて臺所から父の許に行つたのです。「男の子は二人しかゐないのだ、兄の方はまだよいが弟の奴はどうも横着でいかん。今少し教育をしつかりやつてくれんと困るよ。今日も實は斯々だ」と母に小言を云つておりました。母は「たしかに私の教育も足りません。本當に申譯ありません。ですけれ共又子供の氣持も今少し考へて頂きたいと思ひます」と申しますと、「お前はすぐに子供の肩を持つだから教育が出来ないのだ」と父が云ひました。「でも涼み台に寝る位のことは別に大して惡いことゝは思つておりますまい。近所の友達もやつておりますし、又あなたもあの上で御酒を召し上りますし、親のすることであれば子供も別に惡いとは思ひますまい。親はやつてもよいが子供はよくない、それでは如何かと思ひます。子供に禁ずることは其前に親が先づ止めてそして止せよと申して教育的効果もあるかと思ひます」と母が申しました。火鉢の緣を煙管で強く打つ音が聞えました。それは父の敗色を示す時の常習でありました。母が臺所に退きますと間もなく再び私の名が呼ばれました。「又か」と思ひながら父の許に行つたのでありますが父は手にしてゐた煙管をカラリと捨てゝ私の前に頭を下げ

「お父さんが悪かつた、赦してくれ、自分が悪い手本を示しながら自分
のことは省みずお前だけを叱つたのはお父さんが悪かつた！」と、涙は
ポタポタと落ちてをりました。私はモー其時夢中になつて父に縋りつき
「お父さん御免なさい御免なさい」と泣きながら繰り返し繰り返しお詫
びを申しました。涼み台に寝たことがそれほど悪かつたとは思ひません
でしたが、父に頭を下げさせたと云ふことが大へんな悪いことをしてし
まつた、と思つたのであります。「イヤ、お父さんが悪かつた。又あん
な涼台があるとつい怠けた氣持を起させるからあれは今日限り薪にして
しまふから然う思へ。そしてお前はもつと克己の精神を養つて將來立派
な軍人になつてほしい」と訓してくれました。

　翌日、學校から歸つてみますと裏口に新しく積まれた薪の小さな山が
あるのをみたのであります[21]。

　この「厳格」であり、息子を立派な「軍人」に育てたいと願った父・清成
は、1902年（明治35年）1月に56歳で他界した。清樹11歳[22]のことである。
　当時母・初子は47歳であった。初子は「夫の在世中も歿後も一貫して姑
に誠心誠意を以て仕ふ、嫁姑の仲睦しきをみて、世人夫を養子ならんと思ふ
事一切ならずと言ふ。身は家計の一助として井上家傳来の艾を製し、或は裁
縫に粉骨砕身以て姑に孝養を盡し、父亡き子に父の恩と威と母の慈愛とを以
て養育し鍛錬す」[23]。
　母・初子に対する少年時代の印象として、清樹は次のように回想している。

　　私の父は私が13歳の時に亡くなりましたので其後の一切の教育は殆
　ど母の手一つでなされたと申してもよいのであります。元々男勝りの女
　でありましたから教育も中々酷しいものでありました。殊に兄弟の中で
　も腕白でありました私は相當ひどい躾けを受けました。これはまだ父が
　達者であつた時のことでありましたが或る時母から役所に在る父の許に
　お使ひにやらせられたのであります。お辨當の序でゞありましたからお
　辨當は父に渡しましたが肝腎な用を傳へるのをすつかり忘れて歸りまし

た。

　家に歸りますと、母が「あの事はお父さんに傳へてね？」と聞かれて忘れたことを思ひ出しましたが村山と云ふところには戦争ごつこの友達が私を待つてゐるのです。役所まで又行く氣にはどうしてもなれませんので「ハイ、傳へました」と母に答へてその儘私は村山に飛ぶやうにして行つて了ひました。暫くは氣に懸つて面白く遊べませんでしたが段々面白くなつて後には夢中になつて遊び燈のつく頃になつて家に歸りました。毎日のやうにその日も「お母さん今日はね僕たちの方が敵の大將を捕へてね…」と戦争の報告をするのですがいつも喜んで聞いてくれる母がどうしたのかその日に限つて一向返事をしてくれません。私は「ネーお母さん、そしてね、敵の大將がね…」と話しますが黙つて何も言はないのです。變だァー、と思つてゐると今日のお使ひの事が思ひ出されました。私は急に黙つて下を向いてゐますと、母が静かに「清樹、あなたはあの事をお父さんに傳へましたか？」と再び尋ねました。私は黙つたまゝ首を縦てに肯きました。が母は聲を強めて「本當に？」と聞きました。私は今度は首を横に少し振りました。すると母は私の手を取つて二階にお出でと引張るやうにして二階の一室に伴れて上つたのです。「坐りなさい」と云はれるまゝ坐りますと、母は私の前に短刀を置いたのであります。そして申しますのには「お前も武士の子であらう、それに嘘言を吐くとは何と云ふことです。嘘言を吐くやうな子供は大人になつても望みがない、今の中に死んだ方がよい。武士の子ならばお前も潔く之で切腹して自害をしなさい。お母さんもお前を嘘言吐きの子供に育てた申譯にお前の死を見届けた上この短刀で自害をする。サア男らしく、武士らしく自害しなさい」と短刀を私の前に突き付けて威厳を持つて迫つたのです。「嘘言を吐いたのは成るほど悪かつた。が然しそんな悪い考へではなかつた。これでも將來は立派な人になつてお目にかけるのだがそれも今死んでは何にもならぬ。然し斯う云ふ場合昔の武士の子は切腹せねばならなかつたのであらうか、又切腹したのであらうか。今死んではどう考へても惜しい」と躊躇してをりますと、「何をグヅグヅしてゐ

る、早く腹を切らないか。それともお前は切り得ないのか、よろしいお前が自分で切り得ないのなら私が手傳つて切つてあげる」と前に在つた短刀に手をかけてそれを將に抜かうとしました。その時、それ迄様子を向ふの階段の處から窺つてゐた祖母が脱兎の様に飛んで來て母の手から短刀を取り上げ「何と云ふ事をするかい」と叫んで私を後ろに母に立ち塞がつたのです。母は「どうぞ妨げないで下さい」と祖母に言つて私を奪ふとしましたが私は祖母によつて完全に保護せられ暫くは母と祖母との押し問合でありましたが、その時の私の嘘言に對する怒りは母だけではなく父の怒りも非常なもので父は私の首を山田河原で打ち落すと怒つてをりました。それを祖母の命がけの嘆願で辛じて赦されたのでありました。嘘言の怖しさを深く深く経験しましたのも此の時でありましたが厳しい男勝りの母の印象も此の時ほど怖しく深く殘つていることはありません[24]。

3. 熊本時代の「キリスト教」との接点

　父・清成が他界してほどなく、一家は再び熊本市に移り住み、清樹は1902年（明治35年）4月に南部高等小学校2年に、翌年には熊本高等小学校2年に転入している。自身の回想によると、「私は少年時代を肥後の人吉で過した。12歳の時父をなくし郷里熊本に帰つたが、小学校の級友2・3人がクリスチャンの家庭の人たちで、その印象と影響が強く、熊本に引つ越してからも、近所の信者の家で開かれていた小さな子供の集まりに出ていた。子供の頃からお寺が好きであつたが、キリスト教にも心引かれるものがあつた。しかし、なぜかクリスチャンが好きになれず、よく批判したり、悪口を言つたりしたものである」[25]とのことであるが、一方、人吉に引き続き熊本市でも一層様々な形で、清樹とキリスト教の出会いは続いていつたのである。

　まず一家は熊本市の新町一丁目に居を構えた。その頃のことである。既に清樹は「日曜学校」に生徒として通う経験をしていた。

　　　向ふ角に國友と云ふ鐵工所で信者の家がありました。其所に日曜日で

はなかつたと思ひますが一週に一回づ、宣教師夫婦に日本人の先生が一
人來られて附近の子供達を集めて日曜學校を始められたのである。母は
其頃まだ私が教会學校に行くのを好みませんでしたのでコツソリ隱れて
行つてをりました。段々出席數が殖えてその家では出來なくなり、近所
に古い公會堂で忘吾會舍と云ふ札の懸つた建物がありまして其所を借り
てやることになつたのです。或る時熊谷とか云ふ鹿兒島の病院長で信者
の方がゐらつしやると云ふので歌の練習をすることになり上手な生徒が
十名選ばれましたが私も其中に加へられました。謄寫版刷りの讚美歌を
渡されましたが、歌つた歌は例の「主われを愛す」でした。その宣教師
は後長崎の東山學院長になられたピータルス博士夫妻で、日本人の先生
と云ふのは當時大學卒業早々の第五高等學校の教授で現在松山高等工業
學校の校長である松本岩太郎先生であつたのです。松本先生がヴィオリ
ン携帯で教へに來て下さつたのです[26]。

一家は程なくして同じ熊本市内の西子飼に転居した[27]。そこでも清樹の身
近なところに「日曜学校」が始まっていく。

　　…間もなく向側の家に英國人の夫婦が移轉して來られて今度は御自分
　の家庭を開放して日曜學校を始められました。まだ若い新婚早々の家庭
　でしたが夫人は御主人よりも先に日本に來ておられたとかで非常に日本
　語の達者な方でした。クリスマスの時年中無缺席であつたと云ふので私
　は賞品に木製の卵を頂きましたが授與される時に差出した掌の上に卵を
　二つに割られると中から眞黒の體で舌の赤い怪蠱が飛び出し掌の上で氣
　味悪く動き出したのには全くビックリしました。この宣教師は永く池袋
　の聖公會の神學院教授でありましたジエ・エイチ・モール博士夫妻で先
　年英國に歸られました[28]。

当時、一家を支えたのは兄・清介であった。清介は父・清成の他界した年
の３月に旧制熊本県立中学済々黌[29]を卒業し、「二年ばかり私立予備中学の

教師をしながら一家を養いましたが志を立てゝ渡米しました。けれども一年も経たず米国の地で亡くなりました」[30]。1903（明治36）年10月10日のことであった。

　兄・清介の訃報を受けた熊野一家は、ここでさらに「キリスト教」へ接近する出来事に遭遇する。またそれは、清樹にとって「バプテスト」との最初の出会いへつながっていく出来事であった。

写真3　兄・熊野清介

　　　前の年に父を亡くし今又兄を失つた私共一家の打撃は相當深刻なものがありました。兄永眠の報らせを受けた時には黒髪村に移轉してゐた後でした。兄臨終の報告が米國の兄の友人から中學時代の恩師の許に參つてをりましたので或る晩母と姉と私三人して承りに伺つたのです。そして兄の葬式が基督教式に執行されたことを知りました。涙ながらに恩師の家を辭しました三人は若くして寂しく異郷に逝つた兄の心境や親切な友人たちによって營まれた葬式の有様を偲び乍ら足も重く建町と云ふ通りを家へ辿ってをつた時です。讃美歌の合唱が何處からか聞えて來たのです。それは赤い十字架の高張りの下つた小さな講義所からでありました。そして三人の足は言ひ合はしたやうに止つたのです[31]。

　母と姉との間に「這入りませうか」「這入つてみようか」と語が交はされると私共三人は入口にトラクトを配布しながら迎へらるゝ二三人の若い方々の親切なすゝめのまゝ講義所のそれも後のベンチに小さくなつ

て腰をかけました。どんな説教であつたか今は記憶もありません。小さな集りでしたが何かしら懐しい溫い慰めを與えられて其處を出たことを憶えてをります。たゞ其後間もなく宣教師のクラーク先生と牧師後藤六雄先生[32]の訪問を受くるやうになりました[33]。

しかし「時は日露の風雲將に急ならんとする時」であり、清樹の関心はそちらのほうに向かっていたため[34]、すぐに入信ということにはならなかった。それでも「姉のお供」で熊本浸礼教会[35]に時々の出席を続けていた。当時の熊本浸礼教会には多くの青年が集っており、清樹も彼らについての印象を深く記憶に留めている[36]。

4. 入信の頃、そして「伝道者」の道へ

　清樹は1905（明治38）年3月に熊本高等小学校を卒業する。進路について様々な思いがあったのかも知れないが、堅実な就職を見越してのことか、同年4月に熊本薬学校[37]に入学する。早朝の新聞配達をしながら学業に勤しんだ当時の様子について、清樹は次のように記している。

　　父を失い、兄を失い、男子は私一人となりましたので、今度は私が一家を支えねばならなくなりました。順当に中学から専門の学校に進むなど許されない私は官費の師範学校にとも考えましたが勧めらるゝまゝ熊本薬学校に入学しました。それが十五歳の時で、級の大部分が中学中退の連中で私は最年少の一人として机を並べ毎日七時間、八時間の課業で、二ケ年間四期に分かたれ、一期二期は主として基礎学課として簡単な英独語、物理、化学に動植物学、三期四期は実習が主で調剤、分析、製薬等で家に帰るのは大方夕飯時になります。朝は三時から起きて新聞取に行き、阿蘇の空が白む頃には配達を終つて家に帰り、朝食を済ますと学校へと、可なり忙しい生活でありました。教室での居睡りは勿論、歩きながらの道での居睡り、並木や電柱にぶつかつたり、寝ていた犬の尻尾を踏んで噛みつかれたりしたこともありました。然し、裕福な家庭の友

達が眠つている間に新聞配達を終つて白みゆく阿蘇の空を眺めて、帰る
のは決して悪い気持ではありませんでした[38]。

　かくして順調に学びの課程を終えた清樹は、1907（明治40）年3月に熊本
薬学校を卒業、熊本にあった私立渡辺病院の薬局に就職した。初任給は六
円五十銭であったが、「その初任給をもらつた時家に帰つて父の霊前に供え、
母と並んで坐し、母が『これが清樹が頂いた初月給でございます』と報告し、
二人とも泣きました」と、清樹は当時の感激を綴っている[39]。

　そしてこの時期に、清樹はキリスト教への入信を決定づける人物に出会う。
それが陸軍主計監の日疋信亮[40]であった。日疋は公務の傍ら、青年達への
伝道教育を熱心に行っており、清樹は知人の紹介で日疋の指導を受けるよう
になる。清樹はいくつかの機関誌に入信決意の際の日疋とのエピソードにつ
いてダイジェストのような形で記しているが、ここでは最も詳しい叙述を『栄
冠』の記事から紹介してみたい。

　　　私が何時も閉口しましたのは（筆者註：日疋を）お訪ねしますと必ず
　　基督教のお勧めです。そしてその次ぎには必つと「モー信者になつても
　　いゝだらう」と言わるゝのです。
　　　尤も私は日曜學校にも行つてをつたので基督教が解らないではない。
　　子供ながら多少は解つてをりました。又基督教が厭ひでもなかつた。寧
　　ろ好きであつたのですが不幸にして私の行く教會の青年信者の中にどう
　　も感心出来ない幾人かの姿が目について仕方がなかつたのです。
　　　あれでクリスチヤンなら何も格別クリスチヤンになる必要はない。有
　　名無實のクリスチヤンになるよりも名は無くとも實のあるクリスチヤン
　　になつた方が遥かによい、と然う思つてをつたのです。それで「もうク
　　リスチヤンになつてもいゝだらう」と言はれると、私は「否、クリスチ
　　ヤンにはなりません」と答へるのが常でした。「何故ならない」と問は
　　れると「クリスチヤンが厭ひだからです」と云ふのでした。

　それで何時も沈黙せらる丶のでお勧めの度毎にその返答一本槍で應酬して大に得意になつてをつたものです。すると或る日の夕べ、夕食の後で散歩のお伴を命ぜられ御一緒に散歩をしてをりますと、恰も白川に架る明午橋の上でした。又「もうクリスチヤンになつてはどうだ」と云はれたのです。相變らず私は「クリスチヤンが厭ひだからなりません」とお答へしました。

　ところがどうしたのか先生は常とは違つて大聲一番「いつ儂が君にクリスチヤンの信者になれと云つた？儂はキリストの信者になれと云つているのだ。キリストの信者とクリスチヤンの信者とは違ふ、儂はキリストの信者で、クリスチヤンの信者ではない。從つてクリスチヤンがどんな失敗をしようとどんな缺點があらうとキリストに變りがない以上キリストに對する儂の信仰に變りはない、君は何か云ふとクリスチヤンがどうのクリスチヤンが斯うのと云ふがクリスチヤンが何だ、人間ではないか、而も罪深い人間ではないか、それに缺點があつたり過ちがあつたりするのは何も不思議ではない。君は餘り人間ばかりを見過ぎてゐる、何故罪なき身を以て萬民の身代わりとなつて十字架の死を遂げられた神の子キリストを見上げないか、地上の人間ばかり見てをるとは目のつけ處が低いぞ」と叱られたのです。成るほどと思ひながらだまつて歩いてをりますと、「解つたか」と云はれました。私は「ハイよく解りました」と答へました。更に「信者になるか」と云はれますので「ハイなります」と答へますと今度は「何時なる」と聞かれるのです。「出來るだけ早くなります」と申上ると、「君は男だね」と云はれる。私は「ハイ」と答へる。「よろしい、では又やつて來たまへ、儂はこれから祈禱會へ行く」と先生は淨行寺前の教會へ、私はお別れして病院へ歸りました[41]。

写真4　熊本浸礼教会

　ほどなく、清樹に想定外の報せが届く。当時、熊本浸礼教会に赴任したばかり[42]の小畑貞家牧師[43]からであった。

　　千反畑の教會の牧師小畑先生から「次の日曜日禮拜後母上バプテスマを受けられ候に就ては貴兄も是非御出席下され度希望仕候」との端書を

手にしたのはそれから二三日後でした。これも豫想外のことで家に母を
訪ねて問ひますと「罪に對する從來の誤解がとけたので今度愈々バプ
テスマを受ける決心をしたのだ」と申しました。「私も実は斯々でした」
と日疋先生との一件を申し上げますと、「それでは一緒に受けよう」と
云ふことになり、母子揃つて聖名に加はるに至つたのであります[44]。

　母・初子と祖母・節は共に熱心な日蓮宗信者であった。そのため、この時
の清樹の驚きは想像に難くない。しかし前述の通りこの嫁姑は非常に仲睦ま
じく、初子がキリスト教に入信したことに対して「世人の非難らしき言葉を
發する毎に姑は『初どんの信ずるもん、耶蘇教も悪くはなかたい』」と言っ
て初子を庇ったという[45]。

　かくしてそれから一週間も経たぬ
1907（明治40）年8月11日、「バプテス
マの準備も碌々出來ないのに急に受け
たものですから質問に對しても間違ひ
だらけの答へで遂に落第かと思つてお
りますと、どうやら及第との事で」[46]
清樹は母・初子と共に熊本浸礼教会に
て受浸した。清樹16歳、初子51歳の事
である。当時の牧師は小畑貞家であっ
たが、按手礼未受領とのことで、当時
福岡にあったバプテストの神学校[47]で
教鞭を取っていた佐藤喜太郎[48]が熊本
に赴き、彼らの浸礼式を執行した。当
時の母との思い出を清樹は次のように
綴った。

写真5　熊野清樹　バプテスマ

　母はあるとき「清樹、あんたと私は親子だが、信仰では姉弟だ。同日
に生れたから双生児ともいえる。どうだこれからお母さんと一つ信仰の

競争をしないか、折角クリスチヤンになつたんだから、どつちがほんと
うの信仰に進むか競争をしよう。あんたの信仰がグラックようなことが
あれば、お母さんが、そんなことでどうする、という。お母さんの信仰
がダメになりそうな時には、遠慮はいらないから、お母さん、そんなこ
とでどうしますと忠告したり、励ましたりして互いに助け合うようにし
たらどうだ」。ところが大変です。教会の集りという集りは暑い日、寒
い日、風の日、雨の日一度でも（筆者註：母は）欠かしたことがありません。
競争ですから、私も一生懸命まけずに出席しました[49]。

　一本気で子供に対して真剣に向き合った初子らしいエピソードである。一
方、キリスト教に入信してからの初子は「生來の強き氣象を全く打ち碎かれ
絶對の信頼を神に捧げ或は清樹と又時に節と熊本に門司に下關に福岡に東京
に生活して主の證人としての日々を送」ったのであった[50]。

　その一ヶ月後、清樹の学びと働きを親しき交わりの中で常に助言しつつ助
け、後には東京の小石川バプテスト教会で共に牧会の御用に当たることにな
るクラークが休暇を終え、熊本に帰任し
た[51]。
　入信当時の熊本での教会生活について、
清樹は一人の老婦人との交わりに題材を
とった文章を記している。当時の日本の教
会の日常を描写した資料として、以下に紹
介したい。驚くことに清樹は既にこの頃か
ら、「将来は伝道者となるように」と祈ら
れていたのである。

　　私が信者になつた頃、熊本の千反畑
　の教會に毎日曜日缺かさず禮拝に出席
　してをられた一人の老婦人があつた。

写真6　垣塚茂樹

垣塚茂樹と云ふお婆さんで、もう其頃七十の坂を越してをられたと思ふ。殆ど直角以上に曲つた腰をして背には風呂敷包を肩から負つて杖をつき乍ら出て來られた。私たちは「垣塚のお婆さん」と呼んでゐた。寒い日も暑い日も缺かさず出て來られ、教會では定まつて正面の一番前のベンチに掛けられた。背の風呂敷包の中には聖書、讃美歌、その他にお辯當（お握り）が這入つてをつた。

　日曜日朝の禮拜が濟むと牧師館でお晝の食事をされるのが定まりであつたが、時には會員の家に一緒に行つてお辯當をお土産に家の者と賑かに食事を倶にされた。當時五校の教授であつた齊藤惣一氏の家や私の家など比較的に多く來られた方であらう。

　お婆さんは決して御器量のよいお婆さんと云ふのではなく、お若い頃は定めて御綺麗であつたらうなど遂一度も思つた事もない方であつたが、お婆さんのお顔は何とも云へぬ信仰美に輝いてをつた。

　會衆籍の最先に座してをられるあの敬虔なお婆さんの姿が今も私の眼底に殘つてゐる。クリスチヤンになつてからでも動ともすると他の信者を批評的に觀てその信者の眞僞を彼れこれと審いた私であつたが流石にお婆さんに對しては心から敬服しておつた。垣塚のお婆さんの信仰は眞んものだ、と何を標準にしてかは知らないがよく然う云つたものである。

　お婆さんはお話が好きであつた。

　教會の歸りに家に來られて食事が終ると、ゆつくりした氣持ちで家の者と昔話をされる。お若い頃信者になられ、時には激しい反對や迫害にも遭はれたお話を私は度々お聞きした。お婆さんは全生涯を主に獻げ、一生獨身で通されたのであるが其四十年間は傳道婦として專ら福音のために盡されたのである。神奈川捜真女學校のミスカンバルスとは可なり古い關係の樣にお聞きしてゐた。お年の割に耳も目もなかなかお達者で殊にお聲は實に若々しい涼しいお聲であつた。

　熊本市の北端に第五高等學校がある。即ち五校であるが、その五校の背後に龍田山と云ふ「へ」の字の山がある。その山の麓で裾の端とも云ふ處に遠縁に當る家とかの小さな離れ一間を借りて孤獨の生活をしてを

られた。北海道に兄さんをられたが其お兄さんも亡くなられて全く獨りとなられ普通ならば寂しいのであらうが主に在る兄弟の温い友情に包まれて極めて幸福に感謝の毎日を過してをられた。

　私はお婆さんが好きで、又お婆さんの昔遭はれた信仰のための迫害談を聞くのがとても好きであつた。機會あれば獨りで龍田山々麓の庵にお婆さんを訪れた。秋の日など殊によかつた。妹を連れて椎の實を沢山拾つて歸つた事もあつた。お訪ねするとお婆さんは心から歡んで迎へられる。そして直ぐ不自由な體で御馳走に取りかゝられる。仕方なく其間に私は裏の山に落葉枯枝を集めてお婆さんの臺所近くに積む、樋からの冷たい山清水に眞白の寒晒團子が浮かされたのが出る。大の好物であるが餘りお砂糖が利きすぎて閉口した。

　閉口と云へば實に閉口した事が一つある。それはお婆さんのお祈りである。山麓を辭して左様ならする時、お婆さんは必ず「祈りませう」と云つて私の爲にお祈りをされる。そしてお祈りの中に必つとこの青年をあなたの僕としてお使ひ下さいますやうにと祈らるゝのであつた。傳道者にしてお使ひ下さいとの意味であつた。私には其意向は少しもなかつた。寧ろ他に大きな野心があつたのだ。然しこの信仰の熱心なお婆さんの祈りだから神様がお聽き入れになりはしまいか、それが心配で實に困つた。

　誰れも頼まないのに餘計なことを、誰れが傳道者など坊主になるものかと、甚だ閉口したのである[52]。

　ほどなく清樹は翌年（明治41年）11月に内務省大阪衛生試験場研究生に採用され、働きの場を大阪に移した。その前後の出来事である。

　私がまだ病院に勤務しておつた頃であります。アメリカから帰られたばかりのクラーク先生と牧師の小畑先生とが頻りに私に「神学校に行け」「牧師になれ」とお勧めになったのであります。

　お勧めがある間は一向行く気にもならず、むしろ「坊主になれ」「出

家になれ」とでも言われておるような気がして何だか侮辱されてでもおるような感がしていましたが、病院で調剤をしておつても試験場で試験管を振つておつても何だか他人の仕事を代つているような気がして、それが自分の終生の天職と云う自信がどうしても持てず悶々としておりました。

　間もなく重い脚気にかゝり医師にすゝめられて大阪から熊本に帰りました。その時分から次第に心境に変化を来し、伝道への召命感つよく、病気快癒と同時に神学校入学を決意し、牧師に其の旨を伝え、…[53]

　このような次第で、清樹の伝道者としての人生が始まっていった。

【注】

1)　浅見祐三（現・日本バプテスト連盟所沢キリスト教会協力牧師）の神学校卒業論文『熊野清樹　その生涯と思想』は大変丁寧に資料を読み込み、とりわけ熊野の伝記的な部分を全体的に扱った力作である。残念ながら出版という形で発表されておらず、手書き原稿の複製の一部が筆者の手元に存在している。

2)　熊野清樹「回想録－試験管を捨て召命に応える」、日本バプテスト連盟（編）『あかしびと』第52号（1953年1月1日）所収。

3)　現在の「熊本県熊本市北区黒髪町大字坪井770」は坪井川遊水公園の敷地内に位置している。

4)　清成は1852（嘉永5）年5月8日、父・清春、母・節のもとに生まれた。清樹の家族に関する情報（氏名、生没年等）は、「大正十一年白之江遠足記念」として西南女学院職員生徒一同から清樹に贈呈されたアルバム（古田家所蔵）の記載に基づいている。

5)　初子は1856（安政3）年7月16日、井上安英（槍術指南）の三女として熊本市手取本町に生まれた。幼少期には肥後藩士老有吉家にて教育を受け、15歳の時に熊野家に入り、17歳で熊野清成と結婚した（「熊野初子履歴」、小石川バプテスト教会［編］『栄冠』第10号［1936年11月15日］所収）。

6)　兄・清一（4歳で他界）、後述の兄・清介、姉・烈子（4歳で他界）、姉・（安堂）イツ、妹・（岸）節については記録に残っているが、後の1名については記録がない。

7)　浅見祐三『熊野清樹　その生涯と思想』（農村伝道神学校卒業論文）、10頁。引用元である「清樹ノート　自伝幼少期」原本は残念ながら現存しない。

8)　加藤亨「一箇の誠」、日本バプテストキリスト教目白ヶ丘教会（編）『嘉信』第13号（1972年2月13日）2頁所収。加藤に長男が誕生した際、加藤は清樹にその命名を願った。

するとき清樹は「自分の子供には、つけたくて、どうしてもつけきれなかった名前だが」と言って、この「一箇の誠」から「誠」と命名したという。加藤誠は現在、日本バプテスト連盟大井バプテスト教会主任牧師および日本バプテスト連盟理事長。

9)　熊野清樹（「天保仙人」のペンネームで執筆）「夢幻問答（二）」、小石川バプテスト教会（編）『栄冠』第30号（1938年7月15日）所収。

10)　「大信寺」（熊本県人吉市南泉田町152、浄土宗）のことと推察される。

11)　「林鹿寺」（熊本県人吉市麓町7-1、日蓮宗）のことと推察される。

12)　熊野、前掲書。

13)　創世記22章1節〜19節参照。

14)　列王記上3章16節〜28節参照。

15)　アフリカにおけるリビングストンのエピソードと推察される。

16)　熊野、前掲書。

17)　同上。なお、この集会は「ギリシャ正教会」のものだったとされる（熊野清樹［「天保仙人」のペンネームで執筆］「夢幻問答（三）」、小石川バプテスト教会［編］『栄冠』第31号［1938年8月15日］所収）。

18)　熊野清樹「明るい新社会建設めざし　児童本位の時代を作らん」、日本バプテスト連盟（編）『あかしびと』第52号（1953年1月1日）所収。

19)　熊野清樹「貧者と福音」、日本バプテスト連盟（編）『バプテスト』第118号（1965年2月28日）所収。

20)　熊野清樹「力を抜いて」、日本バプテスト連盟（編）『バプテスト』第141号（1967年1月20日）所収。

21)　熊野清樹（「託麻生」のペンネームで執筆）「涼み台」、小石川バプテスト教会（編）『栄冠』第42号（1939年7月15日）所収。

22)　清樹自身は「12歳の頃」「13歳の頃」など記しているが、実際には「11歳」である。

23)　「熊野初子履歴」、日本バプテストキリスト教目白ヶ丘教会編『栄冠』第10号（1936年11月15日）所収。

24)　熊野清樹「亡き母の思出」、日本バプテスト連盟（編）『バプテスト』第84号（1937年5月1日）所収。

25)　熊野清樹「わたしの入信記」、日本バプテスト連盟（編）『あかしびと』第192号（1965年4月30日）所収。

26)　熊野清樹（「天保仙人」のペンネームで執筆）「夢幻問答（三）」、小石川バプテスト教会（編）『栄冠』第31号（1938年8月15日）所収。

27)　「新町」「西子飼」共に、現在では熊本市中央区に位置する地域。

28)　熊野、前掲書。

29)　現在の熊本県立済々黌高等学校。

30)　熊野清樹「回想録−試験管を捨て召命に応える」、日本バプテスト連盟（編）『あかし

びと』第52号（1953年1月1日）所収。

31）熊野清樹（「天保仙人」のペンネームで執筆）「夢幻問答（三）」、小石川バプテスト教会（編）『栄冠』第31号（1938年8月15日）所収。

32）後藤六雄（1860-1928）は小学校教師や判事を経て、1889年12月に赤間関浸礼教会にて受浸、翌年11月に伝道者として献身した。初期は小倉や若松等の講義所で奉仕し、九州におけるバプテスト最初の伝道者として知られる（日本バプテスト連盟歴史編纂委員会［編］『日本バプテスト連盟史 1889-1959年』、1959年、30-31頁）。

33）熊野清樹（「天保仙人」のペンネームで執筆）「夢幻問答（四）」、小石川バプテスト教会（編）『栄冠』第32号（1938年9月15日）所収。

34）「…教會にも餘り行かなくなり學校の歸途よく戦爭の繪に夢中になり雜誌に一生懸命になつたものです。その頃の私共の頭は廣瀬中佐と東郷大將とで占領されてをりましたからね」（同上）。「廣瀬中佐」とは「軍神」と称された海軍軍人の広瀬武夫（1868-1904）、「東郷大將」とは日露戦争時に連合艦隊司令長官を務めた海軍軍人の東郷平八郎（1848-1934）を指すと推察される。

35）1899年1月22日に来日し、福岡のマッコーラム（J. W. macCollum）のもとで過ごした後、同年12月に熊本に移ったクラーク（W. H. Clarke）が後藤六雄との協働により設立した教会。教会組織は1902年5月。当時の教会の様子を齊藤惣一が次のように回顧している。「五高生となつた頃はまだあの南千反畑の教會堂が落成せない時でありまして、當時の後藤牧師の御宅で集會のあつた頃であります。窮屈そうに座敷の隅に、行儀よく座って居られたのがクラーク夫妻でありました。後藤先生に御紹介を受けて御逢ひしたのが最初でありました。會堂建築には餘程骨を折られ、凡て丈夫な材料を撰み、今日までそれがよく用ひられて居るのを見ても、クラーク先生の精神の籠つた建築であつたことが判り、これが今日まで殘つて居る譯です」（齊藤惣一「クラーク先生を送る」、小石川バプテスト教会［編］『栄冠』第2号［1936年3月15日］所収）。

36）「…その頃は熊本の教會は青年が多く大部分が五高生で平井三男、村井次郎、野田蘭藏、大嶺俊介、齊藤惣一、江崎保次などの錚々たる士が多く、平井、村井、野田等の諸氏は間もなく熊本を去られましたが私共が日曜學校から漸く青年會に移る頃は齊藤惣一氏が牛耳を執つてをられた頃で私共の仲間では今尺八で有名な晴風吉田恭治君が商業學校の生徒でありました。平井氏は永く朝鮮に役人生活をされましたがその後内地に歸り青森、山口に懸知事を歴任され、大嶺氏は實行に従事、江崎氏は九洲で辯護士をしてをられると聞いてをります」（熊野、前掲書）。1938年執筆当時に、これらの名前を記憶しその後の動向についても把握していることから、清樹は熊本浸礼教会の青年達と良き交わりの中にいたのであろう。齊藤惣一とは清樹の母・初子の葬儀（1936年11月8日）で「葬儀ノ辞」を代表で述べてもらうほどの間柄であった。一方で後述のように、清樹が教会のある青年信者たちに対して不信感を抱いていたことも本人の回想からうかがえる。

37）熊本大学薬学部の前身。

38）熊野清樹「回想録－試験管を捨て召命に応える」、日本バプテスト連盟（編）『あかしびと』第52号（1953年1月1日）所収。

39）同上。なお、一か月後に給与は「七円」になったという。

40）日疋（日匹と表記することもある）信亮（1858-1940）は清樹と出会った当時、第六師団経理部長を務めていた。日本基督教会麹町教会で受洗、「宗教法案」の反対運動や台湾伝道、満州伝道に深く関与する。また晩年の中田重次に影響を受け、ホーリネス教会との関わりも持った。日本基督教団富士見町教会員として生涯を終える。熊野清樹（「熊野生」のペンネームで執筆）「日疋信亮先生と私」、小石川バプテスト教会（編）『栄冠』第58号（1940年11月25日）所収）参照。

41）熊野清樹（「天保仙人」のペンネームで執筆）「夢幻問答（五）」、小石川バプテスト教会（編）『栄冠』第33号（1938年10月15日）所収。

42）当時、クラークは休暇でアメリカに帰国しており、マコーラムが熊本教会の応援に入っていた。また牧師を務めていた後藤六雄が門司教会に転任し、その降任として小畑貞家を迎えたところであった。

43）小畑貞家（生没年不明）は鹿児島の出身で1888年3月に奈良県田原本町の聖公会の教会（現在の日本聖公会 田原本聖救主教会であると推察される）で受洗入会するも、10年後の1898年5月に東京小石川のインマヌエル教会で再び浸礼を受ける。同年献身し、熊本の地から鹿児島伝道に当たるようになった（日本バプテスト連盟歴史編纂委員会［編］『日本バプテスト連盟史 1889-1959年』、1959年、66-67頁）。

44）熊野、前掲書。

45）「熊野初子履歴」、小石川バプテスト教会（編）『栄冠』第10号（1936年11月15日）所収。

46）熊野、前掲書。

47）福岡神学校については日本バプテスト連盟歴史編纂委員会（編）『日本バプテスト連盟史 1889-1959年』（1959年）103頁以下、熊野清樹「回想録（二十）」（日本バプテスト連盟［編］『あかしびと』第51号［1952年12月15日］所収）、枝光泉『宣教の先駆者たち―日本バプテスト西部組合の歴史』（ヨルダン社、2001年）27頁以下等を参照。

48）佐藤喜太郎（1860-？）については熊野清樹「回想録（十五）」（日本バプテスト連盟［編］『あかしびと』第48号［1952年9月1日］所収）等を参照。

49）熊野清樹「お互によい母」、日本バプテスト連盟（編）『あかしびと』第64号（1954年5月1日）所収。

50）「熊野初子履歴」、小石川バプテスト教会（編）『栄冠』第10号（1936年11月15日）所収。

51）「その年の九月であったと思ひます。クラーク先生の御一家がアメリカから熊本へお歸りになりました。お住居は緑の街を俯瞰し、熊本城を右に、遥かに阿蘇の連山を望む京町の高臺でありました。質素な然し堅牢な建物で庭には數本のマグノリヤーに、蜜柑樹の幾本かゞありました。長男のハーヴェー君や長女のジョセフインさん等とよ

く山や川に遊んだものです。次男のゼレマや、三男のコールマンなどの誕生もよく記憶してゐます」と、清樹は当時の熊本の美しい情景と共に当時を振り返っている（熊野清樹「クラーク先生と私」、小石川バプテスト教会［編］『栄冠』第2号［1936年3月15日］所収）。

52）熊野清樹（「託麻生」のペンネームで執筆）「垣塚のお婆さん」、小石川バプテスト教会（編）『栄冠』第35号（1938年12月15日）所収。

53）熊野清樹「回想録―神学校遂に合併さる」、日本バプテスト連盟（編）『あかしびと』第53号（1953年2月15日）所収。

第3章　最初の名誉都民となった宣教師
ウィリアム・アキスリング

清水　美穂

1. は じ め に

　宣教師ウィリアム・アキスリング（William Axling,1873-1963）は、1901（明治34）年アメリカ・バプテスト宣教同盟[1]（The American Baptist Missionary Union 以下ABMUと表記）より派遣され、日本における活動を開始した。同年代にABMUより派遣された宣教師は日本全国に100人以上いたが、第二次世界大戦によって宣教師の活動が強制的に中断されたとはいえ、その活動期間が50年以上にも及んだのは、ウィリアム・アキスリングとその妻である宣教師のルシンダ・アキスリング（Lucinda B. Axling,1873-1960）だけである。彼らは1943（昭和18）年に最後の捕虜交換船で本国への強制退去を余儀なくされたが、戦後すでに引退の年齢を超えていたにもかかわらず再び宣教師として日本に戻り（1946年）、1954年まで日本での活動を続けた。

　アキスリングは日本を離れる年の5月、関東学院の学院長である坂田祐の推薦により[2]、日本国政府から勲二等瑞宝章を授与された。さらに、同年10月には東京都より名誉都民の称号が与えられた。これらの栄誉は、関東学院の教育活動に貢献したというだけではなく、関東大震災における被災者救援活動をはじめとする彼の際立った社会事業に対する評価と、日米の友好親善のための彼の貢献に対するものであった。それまでキリスト教宣教師が日本において、このような国家的な名誉を与えられたという例はほとんどない。また本来キリスト教は、この世の誉れを受けることに対して否定的である。聖書においてイエス・キリストは「施しをするときは、右の手のすることを左の手に知らせてはならない。あなたの施しを人目につかせないためである。

そうすれば、隠れたことを見ておられる父が、あなたに報いてくださる。」（マタイによる福音書6章3～4節）といわれた。そして福音宣教者については、「わたしのためにののしられ、迫害され、身に覚えのないことであらゆる悪口を浴びせられるとき、あなたがたは幸いである。喜びなさい。大いに喜びなさい。天には大きな報いがある。あなたがたより前の預言者たちも、同じように迫害されたのである。」（マタイによる福音書5章11～12節）といわれているのである。

　しかしウィリアム・アキスリングの生涯は、宣教師として日本にキリストの福音を伝えることにおいて、聖書に証言されているイエス・キリストのことばに忠実に従うものであったということができる。その実践には特徴的な三つの側面がある。すなわち生活困窮者に対する福音的社会活動、日米和平のための政治的活動、そして日本全国に展開された一大伝道運動である。論者は、これらの活動が宣教師としてのウィリアム・アキスリングの内で分かちがたく統一されて、イエス・キリストの福音の使信を証しするものであったと推論する。

　本論考は、アキスリングの宣教活動をこれらの三つの側面をそれぞれに紹介して検証し、最後にアキスリングの統一的福音の理解を論じるものである。

2. ウィリアム・アキスリングの生い立ちと思想的背景

2.1　開拓宣教者の父と母の影響

　アキスリングは、1873年8月9日にネブラスカ州オマハに生まれた。両親はスウェーデン移民であり、父ニルス・アキスリング（Nils Axling）はスウェーデンバプテストの開拓宣教者であった。ニルスは祖国スウェーデンにおいては国教会の信徒であったが、聖書を個人で真剣に学ぶことによって国教会であるルター派の教えにおいては本当の宗教体験をすることはできないと確信し、神学的準備も無しに説教をし始めた。彼は週に6日間は生活のために靴職人として働き、6日目の夕方と日曜日には、自分の町と、歩いて行ける限

りの離れた町や村で説教をした。しかし当然ながら彼は異端者として国教会から告発され、排斥された。時には石で打たれ、死んだと思われて藪の中に投げ込まれもした。1866年、ニルスは妻と二人の娘を連れてアメリカに渡り、シカゴのスウェーデン人共同体に加わった。しかしスウェーデン移民のほとんどは国教会の会員であったため、ニルスは三人のスウェーデンバプテストの牧師らとともにシカゴで最初のスウェーデンバプテスト教会を設立した。その後、アキスリング一家はスウェーデンバプテストの本拠地となっていたイリノイ州ロックアイランドに入植し、ニルスは祖国で行っていた伝道活動を再開した。彼は信じられないほどの距離を旅し、孤立した農家を訪ね、村人の家や学校の建物で説教した。宿や食堂はなかったので、ときおり貧しい入植者たちの食卓に与り、夜は湿った土の上で野宿することもしばしばであった。そして日曜の夜遅く、あるいは月曜の朝までに帰宅して靴職人として働いた。多少の変化はあったが彼のこの生き方は晩年まで続いた。

　1869年、イリノイアイオワバプテスト連合はニルスを宣教師として招き、彼はこれに応じた。しかし彼は、牧師はその働きに対する報酬を受けるべきではないと信じていたので、この招聘を無給で引き受けた。ニルスの開拓伝道によりネブラスカ州オークランドに教会が設立したが、報酬を拒絶するニルスに対して、会衆は開拓地の農場を提供し、牧師一家を援助した。アキスリング一家の生活は常に貧しいものであった。ウィリアムの誕生の2年前に生まれた兄と、さらにそれよりも先に生まれた兄がその環境の中で死亡している。

　その後教会内に神学論争が起きた時、教会は分裂し、ニルスは辞任に追い込まれた。神学教育を受けていない多くの農村説教者たちのように、彼の発言は思弁的であり、自分の意見に絶対的な確信を持っていた。敵対者たちも同様であった。ニルスはその教会を辞任しても伝道活動を継続し、決してやめることはなかった。最終的な入植地はネブラスカ州グーテンバーグであった。ウィリアム・アキスリングはここで10歳から19歳までを過ごした。

　ウィリアムの母カレン（Karen Axling）は、開拓宣教者の妻にふさわしく精神的に剛健な人であった。彼女は静かで、控えめで、優しく、穏やかであっ

たけれども、彼女の家事と振る舞いの基準はとても高かった。キリスト者としての尊厳を自分自身にも、また他の人に対しても保ち、また要求する人であった。彼女はまた隣人の家の誕生、病気、死に際して欠くことのできない奉仕者であった。ウィリアムにとって、母は常にキリストに似たものという彼の理想であり続けた。

　孤高の開拓伝道者であり続けた父と、その妻として高潔な精神をもって、キリストから受けた愛を実生活の中で注ぎ続けた母、この両親から受けた影響が、後の彼の働きの中に顕されていったということは間違いない。

　彼らの家には、巡回伝道者を受け入れるための「預言者の部屋」と呼ばれる一室が用意されていた。広大な開拓地を旅する伝道者は、信心深い開拓農民の家で休息を与えられたのだが、アキスリング家は特に、ニルス自身が巡回伝道者であったので、訪れた伝道者たちを教派の区別なく歓迎した。ウィリアムの伝道への最初の関心が起きたのは、これらの訪問伝道者たちとの接触による[3]。

　1889年、ウィリアムが16歳の時、彼はキリスト者になる決心をした。しかしそれからおよそ2年間、彼はそれを公にすることができなかった。なぜなら、彼の回心は献身の思いと完全に一致していたからである。彼は当初父を模範として信徒説教者になろうとしたが、その召命をより深く考えるようになると、それは正式な伝道機関から任命を受ける宣教師となることであると確信するようになった。そのためには神学教育を受けることが必要であったが、それは彼にとってとても大きなハードルのように思われた。家庭の貧しさもさることながら、父ニルスが、伝道者になることではなくて神学教育を受けることを喜ぶとは思われなかったからである。

　さらにこの時期ウィリアムは、父が教会辞任に際しスウェーデンバプテスト派から除名された経過を理解するようになっていた。そして彼は辞任してもなお継続された父の伝道活動を見ていたので、キリスト教信仰と制度的な忠誠との間を区別することは容易にできた。神学的議論にかかわることへの彼の生涯にわたる拒絶と、より広い世界教会的寛容さは、彼の父のこの経験に根差していたといって良いだろう[4]。

1891年7月、彼の信仰告白は突然だった。父ニルスが近くの川で、回心者たちにバプテスマを授けていた。バプテスマ式の終わりに彼が伝統に従って、「私たちは命じられたとおりに行いました。しかしまだ空席があります」と唱えたその時、ウィリアムは突然進み出て、バプテスマを受けた。父は驚きを抑え、母は静かに喜んだ。

ついにウィリアムは決断した。けれども息子が献身して神学校へ進むことに父は断固反対した。ニルスは教育を受けた聖職者の、原則と振る舞いに反対していた。国教会を破壊したのは教育を受けた聖職者たちであった。「神ご自身が、真の神の人に言葉をお与えになる。キリストに信頼する人は書物に頼る必要はない。聖霊は真の預言者の口を満たしてくださる」とニルスは信じていた[5]。

父の理解は得られなかったが、ウィリアムはそのとき関わっていたメソジスト教会の若い牧師から示唆的な励ましを与えられた。その牧師は、ウィリアムに「20世紀において宣教活動を行おうと希望する人にとって訓練を受けることが必要である」と助言し、そして新しく組織された青年プログラムEpworth League[6]の指導的地位を彼に与えた[7]。

2.2　神学生時代

1892年の秋、彼は父と和解することなしにネブラスカ大学の予科に入り、2年後には大学本科に入学した。ここで、ウィリアム・アキスリングは彼の生涯における最良のパートナーであるルシンダ・バロウズ（Lucinda Burrows）[8]と出会った。彼女の父は、ネブラスカ州農民連盟の代表であり、自由主義者の立場を表明する週刊誌「アライアンス」の編集権を持っていた。ルシンダには父親の社会的良識をキリスト教的なものとして実践しようという願いがあり、一方ウィリアムには自分の厳格な宗教観をより人間的なものにしようという願いがあった。二人は互いの内に深い親近性を見出すようになった。それは他者の必要を受け止めることのできる感受性と、神の意思への絶対的な献身であった[9]。

ウィリアムは、経済的に非常に困難な学生生活を送った。彼は自活し、学

費を支払うために一日5時間週5日間、さらに日曜日には7時間働いた。学内においても用務員、事務、掃除係、ボイラーマンとして働いた。この苦学生時代の経験は、後に日本から送り出された神学生を彼が私費をもって支援した事へとつながっている[10]。

　学生時代はウィリアムに伝道への翼を広げる多くの機会を与えた。彼はYMCA福音宣教団に加わり、近隣の教会を訪れ、礼拝の奉仕をした。1895年、ネブラスカ州アンテロープセンターのフリーバプテスト教会の夏の間の牧会を任された時、彼は説教をする権限を与えられた。1896年からは、ルシンダとともに第一バプテスト教会に籍を置き、アメリカ・バプテスト（American Baptist Convention 以下ABCと表記）に転会した。これによってウィリアムはABCより説教者としての許可を受け、デビッド市の第一バプテスト教会の学生牧師として招聘された。その教会の指導的信徒は彼を「千人に一人の人物、有能な教師、強力な説教者、魂を勝ち取る伝道者」と評価した。また他の高齢の教会員は、彼が個人的な問題を取り扱う際の忍耐と共感と洞察に驚き、また彼が目標を到達する際の落ち着いた忍耐強さに驚いた[11]。これらのことは、彼が日本において非常に影響力のある説教者として活躍したその萌芽であったと見なすことができる。

　1898年、ウィリアムは文学士の学位を受けて卒業し、9月、ニューヨーク州ロチェスター神学校に入学した。このときルシンダは病気で休学したため二人は卒業までの間離れることになるのだが、同じ召命によって結ばれていた二人の関係は揺るぐことはなかった。

　神学校においてウィリアムは二人の神学教授の教えに特に共感した。一人は校長でありバプテスト神学者のオーガスタ・H.ストロング（Augustus Hopkins Strong）[12]である。彼は外国伝道事業の提唱者であり、1900年のニューヨークにおける世界伝道会議において世界伝道の精神を次のように表明した。「私が『行きなさい』という言葉を聞くとき、私は恣意的な命令を聞くのではない。キリストは私たちに贖うというキリストご自身の熱望を伝える。キリストは神の心を私たちに啓示する。キリストは私たちの小舟を、創造全体が目指していく、あの一つの遥か彼方の神的出来事の方向に向かう広い流

れの上に置く（傍点論者）」[13]。ウィリアムはこれに強く共感した。

　もう一人の、彼に最も影響を与えた教師は、教会史家であり、社会的福音の提唱者であるウォルター・ラウシェンブッシュ（Walter Rausnchenbusch）[14]である。ラウシェンブッシュの教えは、ウィリアムの「キリストへの献身と人間のこの世的な戦いへの関心を一つに結び付け始めた」[15]要因となった。そして後にラウシェンブッシュが『社会的福音の神学』の中で書いた事柄を彼がロチェスターの授業で語るのを聞いた時、ウィリアムは躍り上がって同意した。すなわち「神学は福音に勝るものではない。神学は救いの説教を助けるために存在する。神学の仕事は、キリスト教の本質的な事実と原理を、牧師であれ信徒であれ、福音を説教し教える全ての人が完全で曇りのないキリスト教使信を自らに蓄え、そして人々に与える事ができるようになるために、単純で明瞭にそして十分強力にすることである。人間性の進歩が、新しい仕事、例えば世界伝道のようなものや、新しい問題、例えば社会問題のようなものを作り出すとき、神学はこれらのものを私たちの信仰の古い基礎に結びつけ、それらをキリスト教的仕事と問題にしなければならない」[16]。この言葉は、ウィリアムの父の宣教の実践を裏付け、さらに理論的に補強し、そして彼自身の受けた召命に見事に合致するものに他ならなかった。彼は確信をもって前進することができたに違いない。

　神学校時代にも、彼は大学時代のように生活のために働かなければならなかった。しかしニューヨークバプテストユニオンからの伝道者教育のための貸付金を受けることができたことは、幸いであった。また彼は大学時代のようにある福音伝道団の一員になって活動した。彼がこの伝道団の一員としてニューヨーク州オンタリオ教会で奉仕したとき、彼の説教に感銘を受けた会衆は、彼を牧師として招聘した。

　この教会での2年半の任期の間に、20人がキリストに従う決断をし、バプテスマを受けた。その多くは彼が教えていた少年クラスの出身であった。彼らはウィリアムを信頼して個人的な問題を相談し、彼の忍耐強い熱心な指導に応えた。彼は彼らにより高い霊的水準に達することを勧めたが、それは彼らのウィリアムに対する愛情を失わせるものにはならなかった。その教会は

より高い霊的水準に引き上げられた。少年たちへのキリスト教教育と訓練が彼らをキリストへ導くということを、彼は体験的に確認することができた。

　彼はまた、その地で教派を超えたキリスト者たちとともに働くことができた。ある長老派の牧師は彼について次のようにコメントした。「私はウィリアム・アキスリングが私たちの教会の働きにおいて、私たちと進んで協力する用意ができていることを常に見出した。私は、彼が自由な考えを持ち、他の教派の人々と成功裏に働くことを可能にする特別なコツを持っていると信じている」[17]。これらのことは、後の彼の活動において典型的に示された開放的かつ寛容で協調的な彼の精神によるものであった。彼はバプテストであることを確信していたとはいえ、決して狭い教派主義にとどまってはいなかった。

2.3　結婚、宣教師としての旅立ち

　ルシンダは病気が回復してネブラスカ大学に復学し、1900年に教員免許を取得した。ウィリアムとルシンダは正式に婚約し、この年ABMUに志願した。そして1901年の春、ウィリアムが神学校を卒業すると、二人はオンタリオの教会で結婚式を挙げ、その直後、宣教師としての正式な任命を受けるためボストンに向かった。7月、伝道委員会（the missionary board）は二人を日本への宣教師として任命した。ウィリアムとルシンダはその任命を待つ間、様々な場所を思い描いていた。ビルマ、インド、アッサム、中国、アフリカ、そしてビルマ…。彼らの話題はいつもビルマに戻っていくのであった。彼らは伝道委員会が必要と決めたところへはどこにでも行くことに同意してはいたが、「より暗く、ひどく困窮しているところへ行くことを強く望んでいた」[18]。当初、なぜか日本は彼らの計画には思い描かれなかった。

3.　福音的社会活動

　ウィリアム・アキスリングの福音的社会活動の側面を検証する。アキスリングの業績として目立つのは、現在の日本基督教団三崎町教会の地に建てら

れた三崎会館でのセツルメントであろう。しかし福音的社会活動は、彼の宣教師としての最初の任期のときに始まっていたといえる。はたして彼は、宣教の手段としてこれを行ったのであろうか。それとも福音宣教の実りとして、そのことは発生したのであろうか。

3.1　東北における開拓伝道から受けた召命

　アキスリング夫妻の宣教師としての最初の任地は仙台（1901 ～ 1904年）であった。彼らは、1884年から東北・北海道の伝道を経験していたエフライム・ジョーンズ（Ephraim H. Jones）の指導のもとに置かれた。アキスリングは、まだ日本語を習得していなかったので説教することはできなかったが、仙台を拠点に東北地方にあるたくさんの伝道拠点（outstation）を巡回する旅に参加することができた。

　アキスリング夫妻は初めて日本に渡る長い船旅の途上で、幕末から明治にかけての日本の西欧化と宣教師たちの働きについて、多くの情報を習得することができた。これによって彼らは、日本が長い封建体制から解放されて、官民ともに近代化への渇望があることを知った。しかし実際に宣教活動を開始すると、彼は日本政府の近代化計画がまだ十分ではないことを早々に感じとった。政府の計画は十分に民衆の生活の中で実現されてはいなかった。都市の貧しい人々と田舎における地域の状態はそれをよく表していた。ほとんどの人は無学であり、多くの人は迷信的であった。その中でキリスト教の果たす使命は大きいと彼は実感したのである。

　東北伝道は1880年、トマス・ポート（Thomas P. Poate）によって開始された。ポートは盛岡からの招きによって東北に向かい、1880年1月に盛岡浸礼教会、同10月に仙台第一浸礼教会、11月に花巻教会を設立した。仙台は日本の近代化計画の最北端でもあり、複数の外国人宣教者が在住していたが、盛岡は1991年にポートがその地を去らなければならなくなった後[19]居住する宣教師はなく、残された会衆はキリスト者としての証しを継続することが非常に困難になっていた。アキスリングはその地が「より暗く、ひどく困窮している」ところであると見なした。巡回していたジョーンズも、盛岡に居住する

宣教師が与えられることを望んでいた。

　アキスリングは1902年10月7日、ABMUの海外主事（foreign secretary）であるトマス・バーバー博士（Dr. Thomas Barbour）に手紙を書き、盛岡への派遣を願い出た。彼は盛岡でのキリスト者との交わりを詳しく描き、「私の心からの願いは、私が彼らと肩を組むことができるようになることです。そして、彼らが自分たちだけで孤独な戦いをしているのではないということを強く感じられるようになるまで、それを続けることです」[20]と訴えた。

　許可は直ちには与えられず、アキスリングは彼の召命を自らの内で温めることになったが、1904年5月ついに盛岡への移動を許可された。地方当局が宣教師に対して在住権を与える条件は、英語の授業を行うことだった。大島良雄の『バプテストの東北伝道1880-1940』にアキスリング自身の報告書が紹介されている。

　「我々が盛岡に来てからの3カ月は、我々の生涯において最も幸せなときで瞬く間に過ぎた。…活動の機会にただただ圧倒されるばかりである。どこに出かけても聖書を学びたいと熱心に願い、またキリスト教を知ろうとする人がいることを知った。人々の求めに応じて時間の許す限りバイブル・クラスを開いている。…盛岡警察学校長より、警察官のために日本語で聖書を教えるように依頼された。これは御霊の勝利である。これは流行している思想の現われである。…教会においてもこの3カ月の間に8名にバプテスマを授けた。その内の2名は警察官で、他は学生であった。…また始める時には理解できないのではと躊躇した女性クラスの発展ぶりに驚いている。最初は5名で始めたが、今では24名である。4名の若い女性がクリスチャンになる決心をし、訓練を受けている。そのほかにも3名が信仰を告白した。」[21]

　アキスリング夫妻が盛岡に着任したとき、ポートが盛岡を撤退せざるを得なくなってから13年が経過していた。その間、日清、日露戦争の勝利によってキリスト教に対する日本人の理解が大きく変わった。すなわち、大部分のプロテスタント宣教師はアメリカやイギリスなど日本を支援した国の出身者であり、また戦場におけるキリスト者のふるまいはキリスト教のイメージを高めたからである。キリスト者は忠誠心を示す活動を行い、戦場では勇士で

あった。本国においては傷病兵を保護し、宣教師たちの救援活動とともに兵士の家庭や貧しい市民の世話をした。アキスリングは戦争に対して何か良いものを見つけることはできなかったけれども、日本人のこのような変化を次のように結論付けた。「神は再び人間の怒りを用いて、神を褒め称えるようにしておられる。そして現在のこの戦争は、キリスト教がこの帝国に紹介されて以来どのような劇的事件よりも、日本におけるキリスト教の拡大にとって大きな意味を持とうとしている」[22]。彼の目に、歴史の一刻一刻は神の救済史の一コマとしてとらえられていたに違いない。

　しかし彼が盛岡を離れて田舎を旅し、小さな村を訪問する時には、依然として外国人に対する昔からの恐れは強かった。特に仏教の僧侶たちは人々を煽り立て、伝道集会をたびたび中断させた。小さい子どもたち、時には大人たちでさえも、アキスリングや彼とともにいる日本人のキリスト者に石を投げつけた。それは彼の中で、父が経験したスウェーデンでの迫害の話と重なったかもしれない。寒さと雪の中を出かけて、計画した集会がことごとく失敗に終わった時、彼は小さな寒々とした宿の畳の上に横たわり、絶望的な思いに捉われた。また、彼らに導かれ信仰告白に至った人、特に女性たちの受けた迫害は厳しかった。「花巻で4人の若い女性がバプテスマを受けた。バプテスマ式の後、1人は仕事を解雇された。2人は両親の家から追い出された。4人目の者は父親から打ちたたかれた。彼女たちの聖書は燃やされ、讃美歌は引き破られた。しかし彼女たちは堅固であった」。彼は女性たちの信仰を旅順における戦士たちの勇士になぞらえて、「これらの事は新しく発見した主に対する信仰と忠節を力づけるに過ぎなかったように思えた」[23]と報告した。彼は、信仰を与えられた者がどのような状況においても立ち上がることのできる力と気づきを与えられているということを、彼らと共有していたのである。

　この地方一帯のキリスト教への無理解を一変させる出来事が起こった。1905〜1906年の冬にかけて、青森、岩手、宮城三県に大飢饉が発生したとき、深刻な飢餓状態に対処するため、アキスリングはその地区にいる他の宣教師たちと連携して、避難所を提供し食料を供給する活動を始めた。彼は不作と

困窮を知らないわけではなかったけれども、彼の見た光景は酷かった。ルシ
ンダが彼の身体と働きを気遣い用意した食事に、彼は手を付けることができ
なかった。「何度も心を痛めて家に戻り、栄養豊かで食欲をそそる食卓に着
く時、今見てきた光景が心に浮かび、自分が悪人であると実感した。…我々
はできる限りのことをしているが、求めの大きい海に一滴を注いでいるにす
ぎない」[24]。彼は同僚たちに、外国救済委員会（Foreign Committee on Relief）
の設立を呼び掛けた。その委員会は教派を超えて、アメリカ国民に援助のた
めの訴えを発信した。この訴えはセオドール・ルーズベルト大統領の注意を
惹くこととなり、大統領はアメリカ国民に対して「日本の偉大で友好的な国
家の苦しんでいる友人を援助すること」を強く促した[25]。それに応じて赤十
字を通して、あるいは直接的に、この外国救済委員会に大量の義援金が送ら
れてきた。アキスリングと彼の協力者たちは、これらの基金を配分するため
に政府の機関と緊密な関係を持つようになった。これによって彼らは、相互
の信頼と尊敬の絆を結ぶことを経験した。アキスリングは、地域の当局者が
その働きのために必要な緻密な記録と深い知識を持っていることに驚いた。
一方当局は、これらの外国人の私利私欲を超えた関心に驚かされた[26]。

　彼らはともに非公式な協力関係を作り上げた。このことはこの危機におい
てアキスリングを助けただけでなく、彼の後の伝道活動の至る所で、有効的
に用いられる方法を彼に経験させたのである。飢饉が終わる頃までに、キリ
スト教に対する地域の態度は変わっていた。役人たちは友好的であり、教育
を受けた階層はさらに寛容で、そして一般の人々は、キリスト教について疑
念や不信をあまり持たなくなった。アキスリング夫妻の後継として盛岡に在
住することになったタッピング夫妻（Henry Topping）は、「盛岡の人々は数
年前までキリスト教に不信感と嫌悪感を持っていたが、状況は変化した。ア
キスリング夫妻は県知事から子どもたちに至るまで、彼らが接触した人々の
心を掴んだ。我々は温かく迎えられた」[27]と報告している。

　アキスリング夫妻は初めての日本宣教の任期において、純粋な福音宣教と
積極的な奉仕活動が人々をキリストへと導くことに自信を持ち始めていた。
そしてそれは教派を超えるキリスト者との協働を生み出し、そして日本人と

の協働を生み出すということを確信させるものであった。

3.2　新たな召命

　しかしこの飢饉は、アキスリング自身の身体にも大きなダメージを与えていた。すでに1903年の夏に、慣れない東北の気候と生活によって、彼は健康を害していたのであるが、さらに切迫した要請に対応する救済活動の働きによる肉体的精神的疲弊は、医者によって帰国を勧告されるほどになっていた。

　1906年から1908年まで、アキスリング夫妻は本国へ帰還した。健康を回復するまで丸二年が費やされたが、しかしその間にアキスリングは新たな召命を受けた。彼はアメリカの進歩的な教会が、施設的教会（institutional church）を展開していることを知った。それは、当時顕著になってきた都市問題に対応する様々な企画を教会が行うというものだった。すなわち教育、実際的な訓練、そして週7日間医療を提供するというもので、完全な公共センターとしての教会の働きであった。彼は療養期間中にこのことを模索し続けた。もちろんアメリカの教会が試験的に展開しているこの働きを、即座に日本のものとすることはできないと賢明なアキスリングは考えた。しかし「福音伝道は、日曜日まで待つ必要があるのだろうか。非キリスト教国における新しい回心者の必要に配慮することが、制限されたプログラムによって実行できるのだろうか。福音伝道は、もしそれが人々の必要へのキリスト教的奉仕の基礎の上でなされるとすれば、さらに有効にならないだろうか。私たちの教会と回心者たちと求道者たちは、彼らがいつでも行くことができ、全くキリスト教的雰囲気のある場所を持つべきであり、彼らのキリスト教経験への助けとキリスト教の奉仕における実物教育を持つべきである」[28]と彼は考え、ABMUの海外主事であるバーバーにこのことを伝えた。

　折しも東京のバプテストの人々は多くの緊急の課題に直面していた。当時のバプテスト派の教会には100人以上の集会が持てる会堂はほとんどなく、教会の多くは講義所であった。また東京には近隣の地域、あるいは地方から多くのバプテストの回心者たちが学生や労働者として集まってきていたが、

彼らを十分に受け入れることのできる教会がなかった。そのために彼らは他教派へ、あるいはキリスト教信仰からさえ離れ去っていき、それを防止することができないでいた。そこでバプテストの教派を示す大会堂を中央に建設したいとの願いが起こった。1907年6月、バプテスト宣教師会は東京にタバナクル（大会堂）を建設することを決議した[29]。

　この会議に出席していたバーバーは、アキスリングの関心を共有しており、この新しい計画の担当責任者として彼を任命することを提案した。彼の東北での働きを知っている人々はこの推薦に同意した。

　アキスリングは東京における宣教の戦略的重要性を十分意識していた。彼は世界の出来事にいつも敏感であったので、日本が国際的地位を急速に高めてきたということを認識していた。彼が日本を離れていた2年の間に、日本はフランス、ロシア、そして合衆国との重要な条約の当事国になっていた。彼は、「日本がその進歩的な姿を保持するためにどんなに迅速に発展しなければならないか」を理解していた。「その姿に向かって実現をもたらそうとする必然的な原動力は東京に集中するであろう。日本の運命は東京でなされる決定と、その土地で訓練された青年たちによって決定されるであろう」と確信した[30]。アキスリング夫妻の第二期の働きは、この召命によって始められることとなった。

3.3　東京中央会館[31]（the Central Tabernacle）

　1908年9月東京中央会館が落成した。外観はコンクリートブロックで造った大聖堂の観を呈し、人目を引きつけた。会堂全体は1,200人が座れるように広げることができる造りで、1階には読書室、社交室、事務室があった。2階は会衆席のあるギャラリーと、婦人室、男子室の他、教室が二つあった。アキスリング夫妻は、その年の12月、日本に到着しウィリアムは館長に就任した。

　当初のプログラムは定期的な福音的礼拝のほかに、1か月ごとに1週間続く福音的運動が大講堂で行われた。それは日本のムーディと呼ばれた木村清松[32]のように著名な説教者による集会で、これまでキリスト教の使信を聞

いたことのない人々を惹きつけようとするものであった。またその運動が行われていない時にも継続的に短い伝道的礼拝が小部屋で行われた。「当初は珍しさもあってこれらの集会に多くの人々が訪れたが、それらの人は日曜の礼拝には出席しなかった。期待したように教勢は盛り上がらず、教会員はラッパを吹いて町を練り歩き宣伝したが、効果はなかった。そこでこの無関心を突き破るための試みとして、アキスリングの事業が展開されていったのである。」[33]

　読書室が開放された。ソーシャルルームが教会と地域の集団に利用できるようになった。早稲田大学の学生に聖書を教えていたベニンホフ（Harry Baxter Benninghoff）宣教師を校長として招き、昼間働いている人のための夜学を開講した。彼とアキスリングは地域の全ての教師たちに、可能な限り順番にコースを受け持つように説得した。土曜講演会は人生の様々な分野から著名な人々を講演者として招き、毎週行われた。その人々は世俗の職業にあって、キリスト教信仰の実在を示すことのできる成功したキリスト者たちであった。彼らのメッセージは広い範囲の聴衆に、特に学生たちに届いた。ルシンダはバイブルウーマンたちに助けられて、主婦のための午後の学校と計画的な近隣訪問を行った。若い独身女性のための討論会も開かれた。遊び場のない子どものための子どもクラブが開催された。働く若い母親のための託児所が認可を受けて開設された[34]。

　東京中央会館建設の当初の目的は、東京にバプテスト派の影響力を発揮することのできる大会堂を持つことであった。1908年の報告によれば東京の教勢は教会7、会員517、受浸者52とある[35]。宣教師会はアキスリングに、会館の諸機能を有効にいかすために教会を招く可能性を示唆した。彼もまた500人の信徒が小さな施設に分散しているよりも、会館に集められ、彼の計画している働きが教会中心的なものになることを期待した。アキスリングの辛抱強い呼びかけに応え、第一バプテスト教会と独立バプテスト教会が合同し中央バプテスト教会を形成した[36]。新しい教会は109人の会員[37]になり、中島力三郎を招聘した。1910年の報告では、日曜礼拝の出席は100人から125人、受浸者は25人である[38]。

アキスリングは「コミュニティーに奉仕する教会のモデル」(『ミッションズ』1919年掲載) に次のように書いている。

「我々の使命は、会館の中でキリストの精神を具体的に実現し、そこで行われることを通して、生きること、救われること、キリストに仕えることの実体を人々に目に見える形で示すことです。宣教、教育、奉仕のプログラム[39]によって、我々は全人類に仕え、全コミュニティーに奉仕します。活動に当たっては個人に働きかけますが、コミュニティーに奉仕し、キリストを信じる者に変えていくことを大目的とします。

会堂はコミュニティーの中心となることが目標です。我々を取り巻く小さな世界の生活に深く根を下ろすことに努力しています。彼らの問題を自分の問題とします。我々の周りに生活する人の集まる場所、救済場所、避難場所、家庭、創造的な刺激を受ける場所であり、コミュニティーの全ての人にとってのより高度な、より大きな生活への刺激を受ける場にしたいと願います。そして誰もが何かをすることをモットーとします。どの人も心を動かし、助けとなり、栄光を与える何かの活動をしましょう。

しかし、会館の中ではどこに行っても、いつも福音のメッセージに突き当たります。キリストは人類が最も必要とするお方であり、福音は世界の最大のメッセージです。そして宣教は、我々の全プログラムを黄金のコードでつないで、あらゆる活動に方向と目的の確かさを与えます。我々は何千というちっぽけな必要を単に満たすだけで満足するのではありません。もっと無限に大きく『ぞっとするような空虚さを、主イエス・キリストの輝かしい出現によって満たすために、我々はここにいるのです』。どこにいても福音の訴えるところを明確に示さなければなりません。」[40]

アキスリングは教会においても事業においても、日本人の指導者がその指導力を身につけていくことを期待した。そこで、この会堂の管理委員会を日本宣教師会議によって選ばれた3人の宣教師と、日本教役者年会によって選ばれた3人の日本人と居住宣教師で構成した[41]。しかし、同僚の宣教師たちは彼と全く同じ考えではなかった。すなわちこの会堂の事業は、全て宣教師がその責任と指導権を持ち、報告も仲間の宣教師と本国の委員会に対しての

み行うと主張したのである。日本におけるキリスト教宣教はABMUの支援
と資金によるものであり、宣教師たちは皆その派遣によっているのである。
しかしアキスリングは、その支援が将来日本の教会の自立を目指しているこ
とを当初から主張していた。彼はそれを「教会の土着化」と表現した[42]。

3.4　災害を乗り越えるところに示された召命

　ところが、アキスリングのこの新しい召命は大きな試練に遭遇した。それ
は1913年2月に起きた神田の大火災である。真夜中に起きた火事によって、
会堂はおよそ30分の内に全焼した。新聞によればこの火災による焼失家屋
は2,118戸であった。被災者の救援のためにこそこの会堂の働きが求められ
る時に、会堂の損傷は激しく全く役に立たなかった。大島の『バプテストの
東京地区伝道』にはその詳細が記されている[43]。アキスリングは一刻も早い
再建のために、論文、演説、手紙、そして会話の全てを用いて募金活動を行っ
た。その結果再建予算5万円（内訳、4万円ボード負担、1万円教会負担）を超
える募金が、アキスリングとルシンダの帰米によってもたらされた[44]。彼は、
次はどのような災害にも耐えられるような会堂を再建しようと決心し、さっ
そく再建に取り掛かった。

　会堂は1915年の年末に竣工し、翌1月に献堂式が行われたが、アキスリン
グは一週間に及ぶ献堂式を計画した[45]。このことはアキスリングが会堂の働
きをより広い範囲に知らせようとする戦略的見地によるものであった。

　1月14日金曜日の全国新聞デーには内外の新聞記者が招待された。日本の
五大新聞社とインターナショナルプレスが来て、建物と計画されているプロ
グラムについて良い記事を書いた。会堂の事業は注目され、東京都知事より
この年、感謝状と奨励金80円が贈られた。

　15日の土曜日は献堂式が行われた。日本バプテスト神学校の千葉勇五郎
が説教をした。彼は寄贈者たちや職員に「あなたたち全ての仕事の中で、あ
なたたちの最高の目的は、人々をキリストのもとに導き、彼らをキリストに
似たものに形作るものでなければならない」と呼びかけた。

　16日の日曜日のバプテストデーにはアキスリング自身が語り、「日本の指

導者の先達と指導のもとに」大きな前進運動があることを訴えた。彼はこの日、これまでにないほどにバプテストが大きなグループとして集められたと語った。

　17日月曜日はコミュニティーの日として、近隣地域の全ての人々に関心を持ってもらうため、神田区の商工クラブや大蔵大臣であった坂田男爵を招き、坂田男爵には講演を依頼した。

　18日火曜日の社会奉仕の日は、最も多くの人を集めた。東京の地方慈善団体の団長は、「キリスト教会が行おうとしていることを見たり聞いたりする機会を持つことができるように」社会事業に関心を持つ50人に特別な招待をしてくれるように求めた。主要な講演者の一人である早稲田大学の永井隆太郎は、「キリストとその福音が、社会的混乱と分裂を引き起こす世界に対して唯一の万能薬となる」と宣言した。

　19日水曜日は教育日とした。立教大学のS.元田博士と長老派大学の井深梶之助の話を聞くために学生が集まった。

　そして最終日は伝道の日とし、中心的な宗教の主題を掲げた。最後の講演者は救世軍の山室軍平であった。2,300人以上が参加したが、そのうちの多くは今まで一度も会堂のことを知らなかった人々であったとアキスリングは見た。それに加えて祝辞や賛意の言葉は、日本における多くの教会や政治的社会的指導者によって受け入れられた。宗教的施設に主として責任を持つ政府の担当者である文部大臣は、「会堂が地域社会の社会的病のいくつかを軽減しようと企てる事実は、国家自身が賞賛すべき事柄である。もしあなたがたが、あなたがたの宗教的使命を成就することができ、同時に、日本の社会構造の持つ悪のいくつかを取り除くことができれば、この国にとって大きな祝福になるであろう」[46]と語った。

　アキスリングのこのような実践を見ると、その手腕は非常に政治的であると見なすことができる。それは彼が日本の状況を把握し、日本人の必要をよく理解し、それにいかにして答えるかを考えていたからに他ならなかった。日本は近代化に伴い、産業構造が農業から工業へと急速に移行したが、それは生活状況に大きな問題を生み出していた。都市の人口増大に伴う住宅事情

の劣悪化、そして工場の労働環境の劣悪化である。それらは家庭環境の劣悪化を生み出していた。それらは人間としての尊厳を無視された状況であった。

1918年の報告書『変わり行く日本の新時代に処して』の中で、アキスリングは統計的数値を挙げながら詳細にその変化を述べている。「貧民窟は近代日本の産物である。それは西洋文明の副産物でもある。昔領主たちは家来を養った。それで各家庭とも貧しくならないように面倒を見てもらった。今はこの関係が打ち破られて、貧しいものは自分なりの生き方をしなければならない。この苦痛を取り除くことは、たとえそれが政治的欠陥であっても、キリスト者もその責任の一端を担っていかなければならない。…教会の義務として、いったい教会はこの社会状況の変化に対して何をしているであろうか。…私たちは単に個人の魂の救いを求めるだけではなく、地域社会の生活を新しく高めるために新しい仕事の方法を用いなければならない。私たちは新しい評価、新しい理想、また新しい人生への観点をこうした働く人々に与えなければならない。特に私たちは子どもや若者たちを託児所、幼稚園、児童遊園、日曜学校そのほか種々の集いを通して、キリストの型に彼らを導かねばならない」[47]と語っている。アキスリングのこの考えに基づいて再建された会堂の活動はさらに発展していった。

彼の政治的アピールによって、「1919年から内務省、東京府、東京市より助成金と補助金が交付され、さらに1922年以来、皇室より奨励としての御下賜金が与えられた。」[48]

3.5　さらなる災害、さらなる召命

再建から7年目に会堂は再び災害に襲われた。1923年9月1日の関東大震災である。しかし以前の災害から学んだ教訓によって再建された建物は、木造部分が全焼したが、鉄筋コンクリートの外壁が残された。アキスリングと会堂の職員は直ちに罹災者の収容保護を開始した。三崎会館社会事業史の記録によれば、「一年を通して収容された罹災者の実人員は124名、延べ人数44,617名。避難民の輸送にあたり、それを受けたものは720名。配給された物品は衣類10,328点、毛布350枚、ミルク4,853缶、布団348組、アメリカよ

りの慰問品1,350点。罹災者と一般市民の衛生と診療のために本館の二階と
三階の一部を仮設病院にあて、9月11日より無料診療を開始した。…皇室に
おいては震災後の本会館の活動を認められて、1923年9月16日、800円を下
賜された。翌1924年2月29日には、大震災善後会より3万円が交付された。
…」[49] と報告されている。

　このような救援活動の中にあっても、従来の事業の内、託児所、女子部英
語学校、男子部英語学校、幼稚園などを1924年9月までにバラック建ての仮
設にて再開している。アキスリングの時世を見る目と、現実に立ち向かう知
恵には全く驚かされる。この事業の対象者は子どもたちである。大災害の中
で、子どもたちに日常を取り戻させていくことの重要性を彼は理解していた
のではないだろうか。アキスリングの社会事業はもちろん全ての人を対象と
しているが、彼の中には確かな将来像が描かれていたことがこのことからも
推測されるのである。それは、将来の日本において活躍するであろう子ども
たちへのキリスト教教育であった。

　またアキスリングはこの災禍のもとで貴重な出会いをしている。一人は会
館近くの神社の若い神官である。彼は震災の翌朝から、24人の青年を連れ
て瓦礫の撤去作業を申し出た。アキスリングはこれを驚き、怪しんだ。なぜ
なら彼は確かに、会堂の向かいにあるその神社を主要な競争相手であると見
ていたからである。彼が正直にそういうと若い神官は笑って、「私はあなた
が改宗者を持つことはないと思います。しかし、このような緊急事態に神道
は重要です。あなたが人助けをする手伝いをさせてください」といったので
ある。彼の援助は2か月間続いた。もう一人は非キリスト者の隣人の医師で
あった。彼は何年も会館の活動を見、そしてその働きの誠実さを認めていた
と思われる。震災後の無料診療は、この医師によって実現したのである。会
館のこれまでの活動が、確かに地域住民に、そして確かに非キリスト者たち
に受け入れられていることをアキスリングは確信した。

　アキスリングはこの大災害において、再び立ち上がり前進した。被害を受
けた地域にバプテスト主義を広める施設を再建し拡張する機会が到来してい
ることを、再び論文や手紙でアメリカの友人たちに訴えたのである。1924

〜 1925年の休暇はほとんどそのために費やされた。しかし1920年代になると、アメリカ人は私的な楽しみを享受するようになり、今回はアキスリングの期待を満たすものにはならなかった[50]。けれども、日本においては会館の事業復興の必要性が認識されており、1924年5月には内務大臣より5万円が交付された。アメリカ・バプテスト国外伝道協会（The American Baptist Foreign Mission Society 以下ABFMSと表記）からは再建補助金として5万4千円が与えられた[51]。

3.6　深川キリスト教センター

　また、アキスリングと会館の社会事業の貢献を認めた市当局は、関東大震災の被害を受けた深川[52]に支部を建てるように要請した。深川は東京の貧民街と呼ばれていた区域である。宣教師ダグラス・ハーリング（Douglas Harring）による、深川キリスト教センター設立に至る記録がある。

　「…深川はめちゃくちゃに破壊され、炎が全てを焼き尽くし、高潮とともに、いやむしろ高潮の下に沈んでしまった。しかし生き残った人々は帰ってきた。他にどこへ行くところがあるだろう。残骸から拾い集めた錆びたトタンを屋根にし、石油缶を切り開いて叩き、古ござ、破れたセメント袋、それにわずかの棒きれで掘っ立て小屋を作った。…無一物になった、教育もなく貧しく憐れだが、正直な労働者たちが、ごみ屑と隣り合わせにぎっしりと住んだ。大きなネズミが道路で遊ぶ子どもたちの遊ぶ権利を奪い、広い墓地が潮位より低くなって、汚水がよどみ、病気の温床になった。アメリカの救援基金により、最も貧しい人たちの食料の援助と、冬の衣料補給が行われた。医療援助は不十分だった。

　東京市当局はこの窮状を見て、東京バプテスト会館（訳者注　三崎会館）の職員に、深川支所を建設するようにと申し入れてきた。衛生局は、不用になった被災者のバラックをその仕事を始めるために提供してくれた。その計画が素晴らしいものに思えたので、アキスリング博士、藤井氏、ミス・クロスビーが方策を検討し始めた。…休暇と会館募金活動のために本国へ帰っていたアキスリングは、日本に戻る直前に東京病院協会の沢田博士から、アメ

リカ国立女性病院会から日本への救援基金を送りたい旨を示された。さらに
この女性医師たちは検討の結果、深川に無料診療所を建設することを決定し
た。沢田博士は診療所を作るために深川会館計画を拡張できるかどうかを尋
ねてきたのである。この提案に東京市社会事業科の役人は喜んで賛同した。
さらに日本人厚志家の団体が多額の寄付を会館の事業のために寄付してくれ
たので、深川に建物を建てることになった。…

　1924年秋までに土地が整備され、その半分に二階建ての建物が建てられ、
その半分は小さな運動場となった。保育園が開園されるとたちまち満員に
なった。日曜日には神学生がその部屋を借りて礼拝を始めた。…アメリカ女
性病院会は、診療所の医師は女性で構成するよう要求してきた。最初の三か
月に、1,587人の各種の病人に診療所は無料で奉仕した。初期の患者は女性
と子どもたちであった。多くの日本人男性は、女性が医者になれるとは思っ
ていなかったのだが、女医たちが立派に職責を果たしているので、しだいに
治療を受ける男性が増加した。保育園では4人の女性が働き、内一人は看護
婦で、子どもたちの健康管理をしている。母親が家族の食費を稼ぐために働
く間、子どもたちの面倒を見ている。多くの子どもは、父親や、両親を失っ
ている。日曜の午後は、保育室は日曜学校として使われる。120人の収容が
可能だが、それ以上に集まってくる。日曜の夜にも75人の子どもが集まっ
てくる。ぼろを着てだらしない身なりであるが、子どもたちは行儀がよく熱
心である。…」[53]。

　深川には、1911年今井革牧師によって深川講義所があったが、関東大震
災で焼失した後、深川キリスト教センター設立後はここで礼拝、祈祷会、そ
して日曜学校が行われた。中央会館が中央バプテスト教会と共存していたよ
うに、深川キリスト教センターも深川教会と共存した[54]。

　中央会館、深川キリスト教センターの運営費は、皇室並びに宮内省御下賜
金、内務省助成金、東京府、東京市、慈善団体寄付金、そしてABFMSによ
るものであった。実に良い時代であったというべきか。現在では考えられな
いことであるが、宗教の別なく、また公私の別なく、日本国民全体が社会全
体の福祉のためにキリスト教と協働する時代であったといえる。アキスリン

グが最初の任期において実感したキリスト教使信に基づく社会的活動は、さらに拡大された非キリスト者との協働を可能にしたのである。

3.7　ラウシェンブッシュの社会的福音

　時期はさかのぼるが、最初の災害である火災の後、本国での休暇と募金活動をして、1915年秋に日本に戻る船の中で、ウィリアムはルシンダに一冊の本を紹介した。それは彼がかつて学んだロチェスター神学校の恩師、ラウシェンブッシュの『キリスト教と社会の危機』である。この本の内容は、彼が神学生時代に授業で学んだものであった。ウィリアムは興奮してルシンダに読んで聞かせた。

　「全ての人の基本的な貢献は、自分自身の人格の転換である。我々は現に存在する社会の罪を悔い改めなければならない。我々の社会の誤りを保護するような偽りの魔力を払拭し、より高い社会的秩序の信念を持ち、現在の世界にある悪を克服することを求める新しいタイプのキリスト教的人間を、我々自身の中にはっきりと認識しなければならない。この世から撤退することによってではなく、この世を大改革することによって」[55]。これを聞いたルシンダは即答した。「彼はなんとよくそれを著したことでしょう」。ウィリアムは彼女に同意して、「このことは、私たちが日本で起こるように援助している、そのことだ。そしてそれは熟している」と語った。そしてさらに続けて、「もしこのような新しいタイプの宗教的性格が若い男女の間に増えていくならば、彼らが成熟した年に社会を管理する地位を得るようになったなら、彼らは世界を変えるだろう。彼らは正しく啓蒙化された世論に新しい力を与えるだろう。そして彼らは一般の人の日常生活に義務と奉仕の宗教的意味を適用して、新しい動機と率直さを与えるだろう」と読んだ[56]。

　ウィリアムとルシンダは、かつてキリストを知らなかった日本人が、キリストを受け入れることによって、具体的にその人の生活が変わっていくということをこれまで直接的に経験してきたのである。そして彼らはそのような日本人と活動を共有することができていた。そしてこの時も、多くの人の奉仕と善意が捧げられて会堂の事業が再開されようとしていたのである。さら

に彼らはその再開によってこれまでよりも、もっと広く多くの人々に受け入れられるために、道が開かれていると感じていた。全ての人がキリスト教的人間として変革されるために、あらゆる手法を彼らは試み、そしてそれらは多くの人に受け入れられてきた。そのことが、ラウシェンブッシュの言葉と一致したのである。

3.8　ま　と　め

アキスリングにとって、福音的社会活動は宣教師としての福音伝道の当然の姿であった。彼の会堂における社会事業は、「生きること、救われること、キリストに仕えることの実体を、人々に目に見える形で伝えること」であった。それはキリスト教的人間の姿を世に証しすることである。

アキスリングは、実際の福音宣教において人々の中に住むことを通して、彼らの苦しみの要因は無知で無人格的であるがゆえに悪魔的な支配に降ることであったと理解した。彼はそうした人々に人格に目覚める教育を提供し、彼らに誘惑から離れる機会を提供したのであるが、それは人々をキリスト教的人間に変革させることに他ならなかった。

人々はアキスリング夫妻の働きかけに喜んで応じた。そしてキリストを受け入れるようになった。その意味で福音的社会事業は宣教の手段であるととらえることもできよう。しかしアキスリングの活動はいつも純粋にキリストの福音を証しするものであり続けた。したがって、その活動はまさに福音宣教そのものであった。

4.　日米和平のための政治的活動

ウィリアム・アキスリングは政治家的宣教師（statesman missionary）と見なされた。福音的社会活動において、彼はあらゆる手段を有効に活用した。その活動は行政当局とのかかわりを抜きにしては実現できない面を持っていたが、彼は戦略的にこれを活用した。その結果、彼は積極的に政治に参加する人物と見なされた。

　彼の政治的活動は、政教分離のバプテストの立場を逸脱したものであったのであろうか。ここでは、日米開戦を回避しようとして活動したアキスリングのその行動を検証する。

4.1　ワシントン海軍軍縮会議への出席

　ワシントン会議は、1921年11月11日にチャールズ・エヴァンス・ヒューズによって、海軍兵力の制限を議論し極東政策における同意を取り付けるために、イギリス、日本、フランス、イタリアを召集した。合衆国は軍拡競争の展開を阻み、太平洋における領域獲得を安定させ、中国への門戸解放政策への取り組みに対して国際的な同意を得ようとした。1921年春に、休暇中であったアキスリングは、日本の状況についての彼の理解を国務省と分かち合うように依頼された。彼の書物と講演は、日本に関する綿密で共感を持った解釈者としてすでによく知られていた。またヒューズ国務長官は、アメリカ・バプテストの最初の代表として奉仕した著名なバプテスト信徒であって、アキスリングを知っていた。会議におけるアキスリングの存在は役に立った。多くの著名な日本人が彼を知り、彼を信頼した。彼はまたアメリカのキリスト者たちの間でも広く知られていた。彼はアメリカ人の感情を日本人使節に伝え、日本人の立場をアメリカの人々に知らせることができた。アキスリングは喜んだ。もしこの会議がうまくいったならば、日本の自由主義者たちは力を得て、キリストの福音は極東全体に広がると考えたからである[57]。

　アキスリングは日本の立場をアメリカ人に理解させるために多くの時間を費やした。会議の前と会議の間、彼はウエストポイントにある奉仕者のクラブと商工会議と大学のグループの前で語り、また合衆国下院議員の会議室でも語った。彼はまた多くの教会でも語った。彼は極東における日本人の正当な安全保障と自己利益の必要を述べ、日本人の穏健派と協力関係を結べるような、賢明なアメリカの政策の必要性を論じた。彼は、この軍縮会議が国際的協調を地図上に描き、国際的紛争問題における代表者による協議の前例となり、太平洋を支配する4列強間の戦争に対する高い障壁を建てたと解釈した[58]。

　この会議に出席した日本使節団の代表は、徳川家達公爵であった。このときのアキスリングの日本に対する献身的な働きを彼は忘れなかった。徳川公爵によって、関東大震災の後の会堂再建のための基金3万円が寄贈され、これによって中央会館再建期間の仮設と深川キリスト教センターの建設が可能になったのである[59]。

4.2　日本人排斥法への言及[60]

　ところがアメリカには人種的偏見と、極東における日本の特別な利益を奪おうと望む人々によって、反日感情が起こされていた。日本はアジアで唯一近代化を成し遂げ、列強の仲間入りを試みた国であった。「日本は太平洋を征服し、都市を粉砕し、人々をぬぐい去ろうとする敵である」という世論が広まりつつあった[61]。アキスリングは軍縮会議に出席し、またその前後の各地での講演において、日米間の理解を推進する貢献ができたと理解していたのだが、1924年5月、合衆国議会が日本人排斥法を通過させたというニュースを耳にした時、大きな衝撃を受けた。

　この法令については前提があり、合衆国においては1921年に移民に関する割り当て法が成立していた。それはいかなる国からの移民も、1910年に合衆国の住民である人数の3%を超えてはならないというものであった。その目的は移民全体を制限するものであった。ところがヨーロッパからの移民に対してはその制限枠が甘く、日本人についてはその割り当てが2%に引き下げられ、そして基準になる年も1890年に引き下げられたのである。これは何を意味するかといえば、人種問題であった。白人と有色人、西欧人とアジア人、という区別がそこにはっきりと見えるのである。

　アキスリングは即座に、影響力のある日本人の友人の何人かと接触を持った。ある友人は率直に答えた。「平和を愛する者にとって、この法令は悲しむべき可能性を含んでいる。それは軍国主義者の火に油を注ぐことになるだろう。将来、『排斥法を思い出せ』が彼らの反発の叫びになるだろう。この世代はこの言葉を次の世代に引き渡し、戦争を非合法化する意志を損なわせるであろう」[62]。

　この法令を承認したのは合衆国議会である。アキスリングは議会の背後に彼らを支持する大衆がいることを考えた。彼は選挙区がそれを承認しなければ、この法案は改正されるに違いないと考え、大胆にも選挙区ごとに訴えるための小冊子を出版することにした。彼を支持したアメリカキリスト教会連合協議会（Federal Council of the Churches of Christ in America）は彼の『日本はなぜかと驚いている』という小冊子を出版し、アキスリングの講演旅行を支援した。彼は数か月にわたって国中を旅行し、全ての種類のグループの前で165回の講演をし、次のように述べた。「日本は、自分の国からいかなる人種も国民も排斥しなかった。アメリカ人も他のどんな人も、日本の市民になることができた。日本は紳士協定に従って生き、より拡大した移民の許可を求めることはしてこなかった。アメリカの会社は、日本で土地を買うことができ、個人は999年の賃貸契約を得ることができた。二重国籍の原理によって、アメリカに住んでいる日本人は特別に許可されるまで、日本市民と見なされた。それは日本にとって特別なことではなかった。…日本への反対が人種的、文化的侮辱に基づいているということは明白である。…その法令にある人種差別は多くの日本人に、キリスト教信仰を世界宗教とみなす権利に疑いを抱かせ、キリスト教の説く同胞性の誠実さを疑わせた（傍点論者）。日本における福音の理解において、また世界においても衝撃的なことは、自由主義運動の『驚くべき後退』である。民主主義を擁護し、アメリカをそのモデル、模範と考えていた自由主義は傷ついた。なぜならこの法令によって、アメリカはこの運動の指導者たちの信用を失わせ、失望させ、彼らの進歩を妨げ、反動主義者と軍国主義者と超国家主義者の死にかけた火に油を注いだからである」[63]。

　この訴えを北部バプテスト連盟（Northern Baptist Convention 以下NBCと表記）とABFMSは支持をしたけれども、すでに議会を通過した法令に反対をすることは、移民問題についてさらに悪い状況を引き起こすことも考えられた。事実、反日感情はさらに悪化し、在米日本人への影響は大きかった。

　彼は滞在期間の最終日1925年7月5日、NBCの全国大会で語る機会を与えられた。『太平洋の平和と世界の平和』というこの声明は、アキスリングの

真に預言者的な発言の一つである。以下に要約する。

「今日、太平洋はその運命の分かれ道に立っている。私は事を荒立てるものではないが、世界とその将来のために途方もない危機が太平洋地域に起きている兆しを見て見ぬふりをしてはならないということを述べたい。…4世紀の間世界は白人の世界であった。この400年にわたる白人の東西南北への支配の拡大の物語は、最も劇的な物語である。…しかし、白人の拡大の物語は章を終えた。…民族差別によるアメリカの排斥法の悲劇的な過ちは、人種的理由で日本と東洋に対する差別であり、彼らの平等の権利に挑戦する。…この法律は近年の他のどの出来事よりも、目覚めつつある東洋の至る所に人種意識を具体化させた。西洋人は危機的な場合に、東洋人に完全な正義と対等な取引を与えようとしないという感情と恐れをその法律は深めた。太平洋を覆っている危険は、『黄色い危険』ではない。それは白人が作り出した危険である。その危険は白人が正義と公正な態度によって追い払うことができる。

もう一つの危険な要素は、恐怖という呪いの心理学である。それは世界戦争を引き起こし、この世代の最も素晴らしい若者の1,100万人を殺した恐怖であった。今日、この恐怖の悪い例は太平洋の両岸で起きている。アメリカは60年以上の間、日本の夢と希望と理想の具体化であった。アメリカは、日本が国家として心からなりたいと願ったことの全てであった。人的にも金銭的にも計り知れない資源を持つアメリカが、日本の道を遮断する威嚇的な影を投げかけている。この変化はなぜなのか。外国人土地法、反帰化最高裁判決、紳士協定の廃止、人種的排斥法、国家動員日、市民軍事訓練場、そして太平洋上の艦隊の演習…。今日のアメリカは日本の心にとって謎である。…

さらにもう一つの危険は、世界中の共産主義者たちが日米戦争を熱望しているという事実である。世界戦争が全ての国に共産主義の道を開いた。アメリカと日本は現在、彼らの前進を妨げることのできる資本主義国家である。赤旗を振る人々は戦争を望んでいる。

今日太平洋は運命の分かれ道に立っている。ここに、人類史上最大の闘争

が起こるであろう。この時、日本が必要としていることは正義についてのアメリカのすばらしい感覚と平和への情熱と、戦争を非合法化する意志の証明である。日本は、クーリッジ大統領が『アメリカは、他国を恐怖と力によって扱うことから、友情と理解に変えようとしている』という彼の就任式の日の挑戦的な発言の具体的現れを必要としている。この高貴な発言をアメリカ国民の方で具体的行為に移すことは、太平洋地域をまたぐ平和と友好の道を明らかにするであろう。

　あまりにも長い間白人は、世界を支配するために生まれたという錯覚で中毒にかかっていた。あまりにも長い間私たちは、『優越感』によって私たちの考えを曖昧にし、有色人に対する私たちの支配的態度を許してきた。アメリカは人材や金銭における巨大な資源にもかかわらず、この平和の章を一人だけで書くことはできない。日本も一人だけで書くことはできない。この偉大な目的は、アメリカと日本が神から与えられた使命の高い意識のもとに共に立ち、同僚として前進し、協力関係の中で共に働くときにのみ到達することができる。日本と東洋人は、父親的温情主義や、利益供与を望んではいない。彼らは協力関係を望んでいる。彼らが望むのは、尊大な関係ではなく同志関係である（傍点論者）。

　私たちが新しく広く伝えねばならないのは、人間は神の家族であるというキリストの永遠の真理である。永遠者の像を心の中に持っているので、人間は東洋人も西洋人も共通の父の子ども、神の偉大な世界家族の一員である。私たちが新しく感じ広く伝えねばならないのは、神の御心の中には東も西もないというキリストの永遠の真理である。まだ生まれていない将来の圧力と緊張を抑えるべき太平洋における平和が存在しうるとすれば、この地域はキリストとそのダイナミックな理想の支配下に置かれなければならない。アメリカ第一ではない。日本第一ではない。しかしキリスト第一である！（Not America first. Not Japan first. But Christ first!）アメリカはキリストのために！　日本はキリストのために！　太平洋はキリストのために！

　太平洋を横切る平和の構造の建設は、教会の仕事である。…東洋人も西洋人も、広範囲にわたる友好関係の基礎を築こうとするならば、彼らは神を考

え直し、神を再発見し、神を調べなおし、神を経験しなおさなければならない。この目的のためには、日本をキリスト教化するのが重要であるように、アメリカをキリスト教化することも重要である。この二つのことは手を携えて進めなければならない。平和と友好による統治が可能となるように、新しい考えや新しい理想だけでなく、新しい心と新しい創造が太平洋の両側になければならない。私たちが目指すものは、神に根差し、イエス・キリストを中心とする友好関係を、太平洋を横切って建設することに他ならない。

　あなた方の何人かは心の中で『彼はアメリカを攻撃した』というかもしれない。私はアメリカの土から生まれたものである。私は祖国への愛を失うほど長く日本に住んではいない。私はアメリカ人として話してきた。しかし24年間高まる関心をもって、太平洋の両側の状況を研究してきた一人のキリスト者アメリカ人として語ってきた。

　この大会が閉会するとき、妻と私は日本に戻っている。…そこで私はこの問題全体を、東洋の観点から、日本人の心と良心の上に置き続けるつもりである。ある人々は『彼は日本を攻撃している』というであろう。しかし平和のために誤解され誤審される危険を冒してさえ、そのために生き戦う価値、そのために死ななければならない価値がある。このメッセージを空虚な夢と呼ぶかもしれない。もしそうであれば、私の魂は希望で燃え上がる。世界の夢を持った人々は、世界の指導者であり、世界の先駆者であった。ある人が夢を見、その夢から新しくより高い道に人間性を出発させる挑戦的な理想が躍り出た。創造の夜明けの背後で神は、贖われた人類の夢を見た。時が満ちて、神の夢の具体化と、神の夢の実現者としてキリストが到来した。キリストが夢見た世界は、キリストの王国が到来する世界であり、キリストが平和の君として統一する世界であり、その夢の実現に向かって、全ての創造が向かっていく世界であった。…」[64]

　アキスリングは、彼の訴えを個人的に表明しながら、合衆国で数か月過ごした。彼はまた震災の損害を回復するための支援金を求めるためにも時を用いた。しかしながら、この計画のどちらもあまり成功しなかった。

4.3　キリスト者平和使節団参加[65)]

　1931年満州事変、1936年二・二六事件、1937年日中戦争開始、1940年日独伊三国同盟調印。日本の軍国主義は留まるところを知らず、アジア諸国への進出はすなわち太平洋戦争への挑戦だった。

　日米開戦が現実味を増す中、日本基督教連盟（National Christian Council）が、日米戦争回避のための遣米使節団を送ることになり、アキスリングはそれに加わるように依頼された。彼は日本基督教連盟の創設に深くかかわり、名誉理事であった。しかしこの時までに彼は、和平のために尽くした彼の働きかけがアメリカによって拒絶されたことに動揺していた。また、この時期に再び渡米することはルシンダとの長い別れになるように思われた。特に、健康状態を損なっていたルシンダを一人残していくことはできなかった。ところが彼女は「神があなたに行うように望まれることを、あなたは行わなければなりません。そうでなければ私はあなたを見損なうでしょう」といって、彼の決断を促した。彼女の献身者としての精神は失われていなかった。

　遣米使節団結成の経緯についての研究論文があるので要約する。「1941年2月10日に開かれた日本基督教会浪速中会の教会合同に関する協議会において、高知教会多田素より、日米関係の険悪化に対し我々教会より平和使節団を派遣し平和工作をしようとの提議があった。これに斎藤惣一が共鳴し、翌2月11日の教会役員会で使節団を発起し、翌朝に日本基督教連盟に打電した。2月15日日本基督教連盟内の時局奉仕委員会と日米問題考究委員会の合同会議にて『日米問題を協議するために、米国教会の代表者と日本の教会の代表者がともに両国の平和のために祈り協議する会合を持つべきである』ことを決議し、北米キリスト教会連合協議会（Federal Council of Christian Churches in North America 以下FCCCNAと表記）に打診した。26日、『貴会が提議された祈りと協議の会合の開会を心から歓迎する』との返答の電報が総幹事4名の連名で届いた。27日、日本基督教連盟常議委員会は『遣米使節団』の派遣を正式に決定した。27日、日本日基督教連盟は直ちに人選に着手し、高知教会牧師多田素、日本メソジスト監督阿部義宗、霊南坂教会牧師小崎道

雄、教会連盟常議員松山常次郎、青年同盟総主事齋藤惣一、賀川豊彦、恵泉
女学院長河井道、連盟名誉幹事のW．アキスリング、小川清澄、松山望の
10人が決まった」[66]。

　彼らは派遣の目的を以下の通り明確にしていた。
「1. 両国のキリスト者が、日米の関係改善のためになすべき明確な貢献を探
求すること。2. 日本のキリスト者と合衆国のキリスト者の間の結びつきを
強化すること。3. 新しく設立されようとしている日本の合同教会の挨拶を
伝え、その設立の目的を明確にすること。4. 過去80年に渡り日本における
キリスト教運動を広めるために、アメリカの宣教委員会とアメリカのキリス
ト者が行ったことに対する日本のキリスト者の感謝を表明すること。5. 日
本の合同教会と合衆国の諸教会の宣教委員会との協力の更なる方針を協議す
ること。6. 東アジアにおけるキリスト教伝道と、日本および合衆国のキリ
スト教会への関係の再検討と再構築に関して協議すること。」[67]

　使節団は3月27日出帆し、4月4日ホノルルに寄港、ハワイのキリスト者
たちの歓迎を受け、サンフランシスコに向けて出帆した。皮肉なことだがこ
の年の12月に、日本軍の真珠湾爆撃によって太平洋戦争が始まろうとして
いたことを、この使節団の誰も予測することはできなかった。4月11日一行
はサンフランシスコに到着した。

　最初の重要な会議は、1941年4月20～26日にカリフォルニア州リバーサ
イドにあるミッション・インで開かれた。これはFCCCNAの支援の下で18
人の指導的アメリカ教会人が代表団と会合した。主要な関心事は、国家神道
で行われる神社の儀式に日本人キリスト者はどう関わるかということと、新
しく組織される日本基督教団とアメリカの諸教会がどのようにかかわるのか
ということであった。いずれの問題もアメリカのキリスト者にとっては理解
の難しい問題であった。しかしこの会議の最終日に、日米の代表者が共同声
明をすることができた。以下はその要約である。「私たちは、世界を暗くす
る争い、破壊、そして恐れの雲の下で会合した。重い心と謙虚な心をもって、
私たちは、いたるところで人々を苦しめる悲しみと苦難を常に意識してきた。
私たちは世界の悲劇に対する私たちの責任を共有するために赦しを求めてき

た。そして私たちが神の意思を知り、行うために神の光と力を懇願してきた。私たちの間を隔てる隔ての中垣を毀し給うイエス・キリストにおいて私たちの平和は見出されることを証しする。この会議における確信は、いかなる世界を脅かす困難な問題も、各国の指導者たちがキリストの精神において相和し、それを処理するならば、克服されない障害はないということである。神の御前で愛の奉仕と忍耐と世界の全ての国民との融和を誓った私たちは、同信の友に呼びかけ、ともに神のみ旨に自己を奉献し、勝利は必ずキリストのものなることを確信し、キリストに忠実に従うことは無駄ではないことを確信する。私たちは祈りにおいて友であり、全世界の主にある兄弟姉妹をこの交わりに招き入れることを厳かに誓うものである」[68]。

　二番目の重要な会議は、5月9〜12日にニュージャージー州アトランティックシティーにおいて開かれた。ここでは45人の宣教監督者と会い、次のような特別な問題を議論した。すなわちアジアにおいて展開する変化は、宣教師の努力に対してどのような意味を持つか、宣教師は日本基督教団とどのような機能を実行することができるか、またキリスト者は強まる政府の圧力にどのように対処するかということであった[69]。

　最後の重要な会議は、5月29〜31日にシカゴにおいて開かれた。これはリバーサイド会議を引き継ぐ目的で開かれた小さな集まりだった。その会議で議論された同じ問題を前進させる試みがなされた。中でも興味深いのは「日本基督教団成立への挨拶として今度は日本にアメリカの代表団を派遣することが望ましいとの意見が出された」[70]。しかしそれはその年日米開戦となり、実現はしなかった。

　これらの会議の間、代表団は二人か三人に分かれて、30の大きなアメリカの都市でキリスト者のグループと会合した。代表者たちはまた、アメリカ長老派教会とアメリカ・バプテストとディサイプルスとユナイテッドブレズレンの人々とも挨拶することができた。彼らは多くの大学や神学校で話をした。

　アキスリングと5人のメンバーは6月6日の船で出帆し、20日に帰国した。23日には東京青年会館において帰国歓迎会と報告会が行われ、翌24、25日

には富士見町教会において日本基督教団の創立総会が開催されたのである。

　この使節団の目的は果たされたといえるだろうか。平和工作をするという直接的な目的は完全に失敗したということは間違いない。しかしアキスリングは次のように語っている。「キリスト者の友好団は、夢の所産であった。この偉大な夢は、日本人キリスト教会の主要な指導者たちの考えと心の中に生まれた。彼らは、初期のキリスト教の数世紀におけるように今日でも、キリスト者たちは塵になった世界を一つにまとめる神秘的な結合として奉仕すべきであるということを夢見た。その夢に強いられ、不可能を可能となさる神の言葉への言い表せない信仰に動機づけられて、この代表団は高い精神的な冒険を行った（傍点論者）」[71]。緊急事態に試みられた代表団の派遣は、アキスリングがほとんど40年の間日本で行おうとしたことの一つの実りであった。これを土着のキリスト教のしるし、そしてキリストにおいて世界が一つとされることのしるしであると彼が見なしたとするならば、代表団の派遣はこの時完全に成功したとはいえないかもしれないが、未来に向けての重要な一石になったと彼は確信したのであろう。

　実際、1945年の秋、終戦から数週間しかたっていない時に、アメリカのキリスト教界は戦前の使節団への答礼として4人の代表を送っている。彼らはいずれも日本の遣米使節団を迎えた人たちであった。彼らは日本のキリスト教指導者たちと会い、また日本の各分野の代表的人物や連合軍高官とも会い、可能な限りの情報を集めて帰国した[72]。その使節団は、アキスリング宛ての手紙を日本から預かってきている。それはNCC理事の都田常次郎[73]からのものだった。そこには次のように書かれてあった。「私たちは使節団とともに、宣教師を招くことについて話し合った。私たちは宣教師たちが日本に戻ってきて、私たちの国の福音伝道のために働くことを待っている。私たちは、この時、特にあなたの助けを待っている。一か月前に、連合国本部から、もし私たちが必要ならば、日本のキリスト教会のためのアドバイザーの名前のリストを出すようにという指摘があった。私たちはすぐに返事をして、私たちが願った三人のアドバイザーのトップにアキスリング博士の名前を書いた」[74]。

　アキスリングは1944年6月に、宣教師の引退を受け入れていたが、この手紙を受け取ると、ためらうことなくABFMSの管理委員会に手紙を書き、日本に戻るパスポートを取得するために宣教師として認められるように申し出た。彼は1946年4月のバプテスト誌Crusaderに『私は日本に戻ろうとしている』という論文を提示している。「時計は日本の真夜中の時を打った。すなわち日本の歴史の中での最も暗い真夜中の時を。しかし、キリスト教の状況は真っ暗ではない。教会は消え去らなかった。1939年にファシスト革命が起こったとき、最初の被害者は、国際的な性格を持った機関や組織だった。その嵐を乗り越えた唯一の国際的な組織は、生きたキリストの教会だった。その危機に直面して挫折しなかった世界を取り巻く結束は、キリスト者の心をキリスト者に結び付けるキリストにある結束であった」[75]。

　アキスリングは再び希望の中へ立ち上がった。日本のキリスト教化の可能性は確かに残されていると確信したのである。

4.4　戦後処理への言及

　彼が引退した同じ月に、自らを極東問題解決グループと呼ぶ15人のプロテスタントの指導者たちによる報告書が、彼を深く動揺させた。それは戦後の日本に対する政策についてのものであった。その中の一人は、彼の古い同僚でA.K.ライシャワー[76]であった。その声明文は「この戦争は悲惨であるが、しかし和平はもっと悪くなるであろう」というスローガンを掲げていた。それはカイロ会談でなされた宣言に一致するものであるとアキスリングは指摘した。

　カイロ会談は、1943年米英中三国が発表した日本の戦後処理に関する宣言である。それは1914年以降獲得した全ての占領地を日本から奪うというものであった。15人のプロテスタント指導者の声明文は、このカイロ会談に賛成していた。さらに彼らは、1937年7月以降に日本が占領した全ての地を放棄すべきであり、そして朝鮮も解放されるべきであると主張していた。アキスリングがこの声明文に反対する理由は、このスローガンを掲げることによって、日本の軍国主義者たちを戦い続けるように奮い立たせるものとな

るからである。アキスリングは反論し、「もしこの声明が、日本の領土剥奪だけでなく、インドとビルマからの大英帝国の撤退と、ジャワからのオランダの撤退と、インドシナからのフランスの撤退と、フィリピンからの合衆国の撤退とを、勇気をもって明確に宣言していれば、したがって西洋の帝国主義と搾取によって妨げられることなく、東洋の人々に彼らの運命を成し遂げる機会を勇気をもって宣言していたとすれば、その声明は公正で十分に必要とされるキリスト教的指導となるであろう」と述べた[77]。彼は、西洋の帝国主義を同時に批判することなく、日本の帝国主義を非難することは間違っているという見地で異議を唱えたのである。

　しかしその声明文は、日本の経済的必要性は保持され、賠償金は一定程度以上差し控えるのが平和的であると述べていた。そして、戦争犯罪人として日本人を無差別に罰することに反対するように警告し、戦争終了後は直ちに日本人を救済する必要を強調していた。日本が将来、自らの政府の形態を発展させる自由を与えられるべきであるということも訴えていた。すなわちその声明文は、日本の獲得領土は剥奪されるべきであるが、全体的には穏健妥当な提言をしていると主張するものであった。けれどもアキスリングはこの声明文をそのようには読まなかった。彼はこのスローガンが悪い結果を生むことを確信していたのである。その不快感は、たいへん強い口調で表現された。すなわち「あなたがたプロテスタント指導者であるアメリカの最前線にいる15人のグループが、カイロ宣言を取り上げ、それを明確に支持するということは、私たちの日本人キリスト者たちにとって（傍点論者）、それは絶対的に不可能な状況を作ることになる。これからの長い年月にわたって、日本のキリスト教組織とのいかなる協力にとっても、それはまた破滅を意味するということを私は恐れるのである」と訴えた[78]。

　ライシャワーは、教派は違っていてもかつて日本の宣教師として、日本人にキリストの福音を伝えた同僚である。ともに世界会議に出席し、民族の違いなく、世界規模の救いのために論じ合った福音伝道者同士である。アキスリングが「私たちの日本人キリスト者たちにとって（傍点論者）」と語るとき、日本人は彼らの同胞であるはずなのに、という意味なのである。カイロ会談

の擁護をするということは、ライシャワーの属するプロテスタントグループが自らを戦勝国とし、敗戦国日本と敵対関係にあることを明確にすることであるとアキスリングは見なした。それは将来にわたって、私たちの（同胞であるはずの）日本人キリスト者たちとのいかなる協力関係をも破壊することになるのである。

　アキスリングは1945年2月から3月の間、アメリカ西海岸の諸州、ワイオミング、ワシントン、オレゴン、カリフォルニア、アリゾナ、コロラドを巡って精力的に講演した。NBCは、政治家的宣教師として彼を紹介する小冊子を出版した。それは彼の業績を要約し、講演において彼が成し遂げようとする目的を掲載した。その目的とは「1. キリスト者が人種問題にキリスト教的理解を持ち、特に東洋人とキリスト教の関係についての理解を作り出すこと。2. 東アジアにおけるキリスト教伝道は、戦争にもかかわらず継続していること。3. キリスト教伝道の価値を広範にわたって説明し、世界のキリスト教の計画に対する理解と関心と支援を要請すること。4. 彼自身の経験から、キリスト教会が戦後の世界で果たすべき役割を具体的に描くこと。」である[79]。

　彼は教会や、学生集団や、奉仕グループ、高校の集まり、大学と神学校の聴衆たちの前で話した。また日本人収容所を訪れた。日本人や日本に対する憎しみの感情は恐ろしく、彼を「裏切者」と罵る者もいた。そのような中、若者数人と一人の兵士が彼に感謝を表した。常に若者を優先していたアキスリングは、これを喜びますます若者に期待した。

4.5　ま　と　め

　戦前のワシントン軍縮会議へのアキスリングの出席は、戦争という悪魔的破壊行為を回避するために、日米相互の理解と協力を深めることが必要であると理解したアキスリングの、キリスト者としての当然の行動であった。そして戦争前夜の、日本人を排斥する移民法制定を阻止する講演活動は、アメリカ国民にキリスト教国としての本来的理解、すなわちキリストにあって西も東もない、キリストにあって世界は一つとされるはずであるという彼の福

音の理解を訴えるものであった。

　アキスリングは、その独特な宣教活動において政治的活躍の場を持っていたといえるが、それはキリスト教の本来的な理解を多くの人に促すために利用した手段であった。キリスト者平和使節団に参加協力を依頼されたのは、まさに彼とその理解を共有した日本人キリスト者が、彼のその政治的影響力を頼りにしたものと思われる。彼はその依頼に喜んで協力したのである。

　しかしむしろ本国の人々、しかも彼の同僚である人々が、日本人キリスト者との協力関係を破壊すると受け止めたアキスリングの衝撃は相当に深かった。彼の訴えは、決して政変を目論むような直接的政治へのかかわりではなかった。そうではなく、彼はただ全ての人とキリスト教の福音を共有したいと願っていたのである。

5.　「神の国」大伝道運動

　一般に「神の国運動」と呼ばれる福音伝道運動は、1930年から日本基督教連盟によって全国に展開されたキリスト教大伝道運動である。この運動に企画の段階からアキスリングはかかわり、影響力のある説教者としてその運動の中心的働きを担った。その背景となったのは、彼が教派の別なく日本のキリスト者と積極的にかかわっていたことである。その経過の中で、彼は1941年、日本における教派合同である日本基督教団の設立の一役を担い、そして戦後も再び教団と共に大伝道運動を展開した。これらの活動における彼の福音の理解を検証する。

5.1　日本基督教連盟設立における召命

　1878年に始まった全国基督教徒大親睦会が、1884年に基督教徒福音同盟として組織された。1911年には8つの主要教派により、日本基督教会同盟が創立された。海外では1910年のエジンバラ世界宣教会議の影響を受けて、1920年代になると各国にキリスト教協議会（National Christian Council 以下NCCと表記）が設立されたが、日本においても1923年11月に日本基督教連

盟 (The National Christian Council) が設立された。世界のNCC設立の趣旨は、かつて宣教師が主体であった宣教活動が、宣教師たちと「宣教地」のキリスト者との協働の活動になることであったが、これはアキスリングがかねてから理想とするところであった。彼は1922年、日本基督教連盟の組織委員会に参加した。彼はこの働きについて伝道委員会に次のように説明した。その協議会の目的は「全キリスト教共同体を代表し、この帝国におけるキリスト教活動の全ての局面に対する情報センターとなる」ことである[80]。この時点でアキスリングは、日本における宣教が超教派でなされる可能性があることを示唆している。

　アキスリングは最初の任期の間に、東北の飢饉に際してその地区にいる他の宣教師たちと連携して救援活動を行い、そして彼らとともに外国救済委員会を設立した。アメリカ国民に援助のための訴えを発信したとき、多くのキリスト者が教派を超えて支援をしたという経験をしていた。また彼は東京中央会館の事業が、特に被災後の再建のときに、内外の多くのキリスト者とのかかわりを持つことを経験していた。1918年になると、日本語を十分に習得していたアキスリングは、全ての主要教派が任命した宣教師に日本語を学ばせる語学学校での指導を依頼されていた[81]。このように彼は、より広い超教派のサークルに緩やかにかかわっていたのだが、その反面、同じバプテストの中では不協和を直接的に感じざるを得なかった。

　アキスリングが監督していた東京中央会館と中央バプテスト教会は、同じ建物を共有することにおいて、機能と財政における深刻な問題で常に議論をしていた[82]。アキスリングにとって、キリスト者がなぜ一緒に働くことができないのかを理解することは非常に困難であった。また彼にとって最も許しがたかったことは、アメリカの北部と南部バプテストによって日本における働きが分離されたままであることであった。これら二つのグループは日本を彼らの間で分割し、それぞれが教会、学校、出版物、そして必要な教派的施設の全てを発展させていた。日本人はこの取り決めに何の意味も見出すことができなかった[83]。決して偏狭な信仰でなかったアキスリングにとって、キリストの働きはいつも一つであった。ネブラスカ州のグーテンバーグにおい

ても、ニューヨーク州のオンタリオにおいても、日本の東京においても、あるいは世界のどこにおいても。彼のこの精神は、彼自身の教派内での奉仕の多くの扉を日本における宣教の努力全体、そして世界に広がる世界キリスト教共同体全体に向かって開いていた[84]。

　1928年、エルサレムで行われた世界宣教会議にアキスリングは日本基督教連盟の代表の一人として出席した。この会議において、アキスリングの伝道に関する概念は多くの参加者に受け入れられた。すなわちそれは土着の教会の重要性である。「1910年のエジンバラ会議において確認された宣教師たちの宣教活動の主要な目的は、『宣教地』のキリスト教共同体が『三つのセルフ』（自給、自治、自伝）を持つ教会になるように指導することであったが、しかしエルサレム会議においては、それが欧米的な組織形態の枠組みに基づくことであると批判された。『宣教地』における教会は、成長し発展するプロセスが認められなければならない、すなわち従来の宣教師が指導する教会の型に留まるのではなく、『宣教地における教会』の理解を確信させる『土着の教会』を土台として宣教することが求められた」[85]。アキスリングはこの結論に大いに喜び、「エルサレムで、古い教会（欧米の宣教師を派遣する教会：論者補足説明）と新しい教会（被宣教地の教会：論者補足説明）が対等に出会った。彼らはお互いの知恵と経験を分かち合った。彼らは協力者として、広大な未完の仕事に目を注いだ」[86]と語った。

5.2　「100万人の救霊運動」における召命

　1920年代の最も壮大な日本の伝道運動は、神の国運動として知られている。この考えは二つの源から発した。一つはエルサレム世界宣教会議に基礎づけられた伝道を促進しようとする日本基督教連盟の願いであった。もう一つは、賀川豊彦[87]の豊かな発想によるものだった。「1928年のイースターに賀川が祈っていた時、霊感が彼のもとに来た。しばらくの間彼は、キリスト教はその数が少なくとも100万人にならなければ日本において無力のままであるだろうと確信していた。それゆえ、彼の考えは『100万人の救霊運動』というスローガンを持った運動を始めることであった。賀川は彼の運動を、日本基

督教連盟の伝道計画と結びつけることに同意した。その結果、『あなたの御
国が来ますように。私の心の中に、そして世界の中に』という標語を持った
神の国運動となった。目標は100万人の人々をキリスト教信仰に勝ち取るこ
とであった」[88]。

　アキスリングがいつ頃賀川と出会ったのかは定かではないが、彼は賀川の
書いた本は全て日本語で読み、それを翻訳して海外にも紹介した。1932年
にはアキスリング自身が賀川の伝記を書いたが、これはアラビア語を含む多
くの言語に翻訳されて世界に紹介された。賀川豊彦が「世界の賀川」になっ
たのは、アキスリングによるといっても過言ではない。澤野正幸はアキスリ
ングと賀川には感性において非常に似たものがあり、両者が福音宣教におい
て、その関心事が常に生活困窮者に向けられており、社会事業に向けられて
いたと証言している[89]。賀川の「神の国運動」の伝道の目的は、アキスリン
グ自身の目的に合致していた。彼は中央委員会の二人の幹事の一人であり、
効果的な説教者の一人となった。

　運動の具体的な内容は、国際的に有名な説教者による集会と、教会ごとの
伝道集会、そして都市における労働者や農村における農業の担い手に向けら
れた職業伝道だった。この職業伝道というのは、全く新しい伝道方法であっ
た。都市においては、工場労働者とキリスト者である雇用主を一緒に集めて、
資本主義労働条件、賃金、またそれに関する諸問題についての率直な議論の
場を提供した。アキスリングはその目的を、「キリストの教えと精神に調和
して」これらの問題の解決を見出すことであるとした。また農村地域では、
農村福音学校が実施された。15 〜 25歳までの青少年を集め、1週間〜 10日
間キリスト教指導と共同体指導の訓練を行った[90]。

　運動は1930年1月1日から始まり、最初の2年間にその頂点に達した。お
よそ3分の2のプロテスタント教会は何らかの仕方でかかわった。しかし
1932年の半ば頃までに、その運動は衰え始めた。1931年9月の満州事変、翌
5月の五・一五事件、1933年の国際連盟脱退等、日本の時局が軍国主義に向
かう中で、この運動を推進することは困難になった。

　しかしアキスリングは、この運動の野心的な目標に失敗したとしても「こ

の運動は日本におけるキリスト教勢力の間に、協力の新しい時代を開いた。そうすることでこの運動は、キリストをこの国の中に非常に強力で説得的な仕方で掲げた」と評価した[91]。

5.3　教派合同と超教派的活動における召命

　1930年代のこのような超教派的活動は、アキスリングを元気づけた。さらに1939年、宣教母体の方針によって別々の道をたどっていた東西バプテスト組合が合同委員会を設置して、合併計画に取り組んだ[92]。両陣営に受け入れられていたアキスリングは、この合同の達成に大きな役割を果たした。1940年1月、兵庫県姫路の日ノ本女学校及び姫路教会で、東西バプテスト組合それぞれの総会が行われ、解散決議の後に、日本バプテスト基督教団が成立した[93]。その合同は北部バプテストによって支援された36教会と、南部バプテストによって支援された23教会を一つにまとめた。双方の多くの日本人バプテストと宣教師たちが合同を望んでいたとはいえ、その合同は疑いもなく、宗教団体法による日本政府の政治的統制の強化によるものであった。正式な宗教団体として登録される教派となるためには、少なくとも50以上の教会、5000人以上の信徒を統括する団体（教派）でなければならなかった[94]。

　一般にこの宗教団体法は戦時下における悪法であったと評価されるが、超教派的活動のメリットを最大限に評価し、「土着の教会」の重要性を積極的に勧めていたアキスリングは、これによって初めてキリスト教が日本の宗教の一つとして認められたことを喜んだ。かなり多くの日本人キリスト者も、当時はこの教会合同に賛成したと思われる。欧米諸国において発展してきたキリスト教の教派的な相違は、日本人にはほとんど意味がないように思われた。1872年に横浜に最初の教会として日本基督公会が設立された時、それは超教派的な教会を目指そうとしたものであった。日本人キリスト者においては、たびたび合同の議論と試みがなされてきたのである。

　1940年9月、日本基督教連盟は諸教会に対して、単一教団になるための合同を呼びかけた。すでに教派合同に達していた日本バプテスト基督教団がこ

れに加わることに賛成した日、アキスリングは日記に次のように記した。「長年、私は日本における一つのキリスト者の教会を夢見、主張してきた。私は自分の生存中にその実現を見ることを期待しなかった。これは奇跡だ」[95]と。

　1941年6月24～25日東京富士見町教会で、日本基督教団創立総会が行われ、日本のプロテスタント各派は合同し、日本基督教団を成立させた。7月15日、アキスリングは日記に記した。「合同教会は日本基督教連盟本部を引き継いで、その働きの多くを引き受けた。そのようにして、キリスト教は土着化し、日本人の生活の一部となっている」[96]と。

　戦争が勃発する直前の1941年10月に書かれたアキスリングの言葉は非常に興味深い。「一年前に、日本のプロテスタント教会が合同教会を設立するという画期的な決定をした。この夢は今や現実になった。それ以来の出来事は次のことを明らかにする。もし日本のキリスト者が、自立を受け入れ、合同の戦線を確立するという冒険をあえてしなかったならば、キリスト教運動はここでは衰退しただろう。日本のキリスト者たちは出発し、キリスト教戦線を占拠し、それを保持している」。他の人々のようにアキスリングは、キリスト教の事柄への政府の干渉を良しとはしなかったけれども、教会は合同教会として、これらの影響に抵抗しうると彼は信じた。また彼は、真に土着の教会は、全てのキリスト者の力の合同を通してのみ可能であると信じたのである[97]。

5.4　戦後の大伝道運動

　1945年の終戦当時、アキスリングはすでに宣教師を引退していたが、日本へ戻ろうという意欲は前述のとおり高まっていた（4.3キリスト者平和使節団参加、参照）。ABFMSは戦後日本へ派遣できる宣教師は人数が限定されると彼を説得したが、彼は容易に引き下がらなかった。彼は2年という期限付きで再任され、1947年、廃墟となった日本へ戻ってきた。

　アキスリングの第一の責任は、日本基督教団内のバプテスト派の利害を他の教派のグループとの間で調整し、本国の伝道委員会との間の交流を保つことであった。第二の責任は、合同前の関東地区と東北地区のバプテスト教会

に宣教師としての相談と援助をすることであった。かつてアキスリングの活動の本拠地であった三崎会館（東京中央会館）は戦争中に売却された[98]が、彼はこの建物が買い戻せるとの情報を得、伝道委員会に要請をした。委員会の中では意見が分かれたが彼は熱心に関係者を説得し、これを新生社団の所有とし、三崎町教会に貸与することになった[99]。

　アキスリングの第三の責任は、賀川によって提案され、教団によって支援された伝道運動にかかわることであった。この運動は「キリストのための日本運動」や「300万人の救霊運動」と呼ばれた。後にその目標は「500万人の回心」にまで高められた。1947年4月から1948年の3月までの間に、アキスリングは80の様々な村や町や都市で174回にわたり、合計35,000人以上の人々に説教をした。この運動は、日本の大衆にキリスト教のメッセージを届ける総力的試みであった。その集会は教会及び学校や工場や公共施設や社会的クラブや個人の家で行われた。挙手や署名によってキリストに応答する意思表示をした者は多かった。アキスリングは、必ずしも手を挙げた全ての人がキリスト者になるとは思わなかった。しかし彼は「答えた何人かの人々は変えられるだろう。決して教会には加わらないけれども、キリスト教の福音によってある仕方で変えられる多くの人がいるであろう。そして彼らもまた、日本がいつかキリスト教国になる時、その助けになるであろう（傍点論者）」[100]と考えた。

　戦後のこの時期に、アキスリングは彼の仕事の全て、特に伝道運動を共産主義の侵略的脅威への答えと見なした。ファシズムはもはや敵ではない。彼は共産主義が戦争に続く経済的困窮と道徳の喪失の土壌にいかに成長することができるかということを十分理解していた。1949年1月号の『ミッション誌』で、彼はアメリカの教会にもっと多くの努力をするように促した時、この脅威について述べた。「共産主義は日本の若者を、彼らのイデオロギーと生活様式に取りこむための迅速に広がる強力な運動を行っている。日本のキリスト教会は『キリストのための日本運動』をとおして、日本の魂のための戦いを推し進めているが、日本は甚だしく装備不足で人員不足である。どちらが勝つであろうか。」[101]

　アキスリングが宣教師として再任された2年の契約が終わろうとしていたとき、彼自身と日本人の同僚たちは、伝道委員会に対してそれを延長する運動を行った。しかし委員会は、アキスリング夫妻の年齢（75歳）と、そして若い宣教師の派遣の必要性のためにそれを受け入れることに難色を示した。彼は、賀川の運動の伝道者と日本聖書協会の理事と日本キリスト者平和連合の理事と東京日本語学校のアドバイザーと Japan Christian Quarterly の編集委員、その他の働きを依頼されていた。結局それらの団体の推薦状により、1950年6月までの任期延長が認められた[102]。

　1950年の春、この任期が終わる直前に、アキスリングは本国に戻り、日本伝道の再建と前進のための基金を作る運動を始めた。4か月の間に、彼は17,000マイルを旅行し、16,000人に106回演説をした。さらに4つのラジオ放送を行い、初めてテレビショーにも出演した。あらゆる仕方で彼はアメリカ人を奮い立たせようとした。彼は日本における共産主義の運動の盛んなことを述べ、「彼らと比べれば、私たちキリスト者の生活と奉仕は生ぬるく、臆病で熱意がない。それは中立的で消極的で意気地がない。…今、日本の魂とキリストの御名と危険な人類の将来のために、私たちはどう行動するだろうか」と語った。聴衆の何人かは感動したが、実際に行動した人はわずかだった[103]。

　1950年の秋、日本に戻ったアキスリングはたくさんの制度や組織の理事職を辞任し、その後は伝道説教に専心した。日本における最後の5年間の報告と手紙はその内容で満ちている。1951年の長野県での22日間の伝道運動は特徴的である。「19の村と町、そして3つの都市で44回説教した。応答した人の中で、初めての決心者が4,249人、再献身者が1,043人」と報告していた。しかし1954年までに集まる人はまばらになり、応答は以前よりも少なくなった。けれどもアキスリングにとって、そのことが伝道活動の数やそれに費やされる労力の削減の理由にはならなかった。また、説教に加えて個人的なカウンセリングの機会も多かった[104]。

　1954年12月、アキスリング夫妻の送別会が日本キリスト教協議会（National Christian Council)[105] で行われた時、理事長である小崎道雄牧師は次のように

挨拶した。「今日、私たちはアキスリング博士のように真にキリスト教的性格を持ったキリストの証言者を持つことは稀である。私たちは年齢が重なるにつれて、私たちの福音宣教の意識は弱くなりがちである。しかしアキスリング博士にとっては全く違う。年齢が進むにつれて、彼は福音伝道の働きのために一層多く自分自身を献げた」[106]。

5.5 ま と め

アキスリングの宣教師としての当初からの願いは、日本のキリスト教化であり、日本の教会が日本人によって成長する教会の土着化であった。彼は他の宣教師以上に、その意義を深く理解していたと思われる。すなわち、キリストの福音は初めから全ての国民、全ての民族に与えられていたという理解である。それゆえに彼は、キリスト教的活動の全てにおいて国や民族、まして教派の垣根を持たなかったのである。

そしてその福音は、日本全体に、全ての人に伝えられなければならなかった。それが「神の国運動」であり、「キリストのための日本運動」であり、教派合同を実現させた日本基督教団の設立であった。この合同を実際的に可能にした宗教団体法が戦時下における悪法であったとしても、キリストの福音に立ち、福音宣教を全国に展開することのできる土着の教会は、その地にある悪魔的勢力に抵抗することができるということをアキスリングは疑わなかった。

しかしこの教団が、戦時中にむしろ悪魔的勢力のもとに降り、福音の理解を違えてしまった現実を私たちは知っている。彼らは決してアキスリングの福音の理解を完全に共有してはいなかった。それは、アキスリングが日本を離れる際に贈られたNCC（日本基督教連盟）の代表者による賛辞の中にも表れていた。彼は自分たちの中に、「アキスリングほどキリスト教的性格を持った者はいない。アキスリングのように老いて益々伝道に意欲を燃やす者はいない」と述べたのである。それは皮肉にも、現在の日本人キリスト者の姿、2030年問題[107]に揺れる教会の姿を予知した言葉のようにも聞こえるのである。

6. おわりに

　ウィリアム・アキスリングの54年に及ぶ宣教師としての働きは、いやむしろ彼の献身から晩年までの生涯は、一貫してキリストを宣べ伝える福音伝道者の生涯であった。アキスリングにおいて、その伝道のスタイルは前述の三つの側面をもっていたのであるが、その目指すところは終末論的救いの完成であった。それは恩師ストロング博士の言葉「キリストは宣教の小舟を、創造全体が目指す彼方の神的出来事（救いの完成）に向かう流れの中へ置かれる」によって触発されたと思われる。

　彼はこの世界が、イエス・キリストによって成し遂げられた救いを完全に受け入れていないことを十分に知っていた。そのために、世界には「暗く、ひどく困窮している」場所があり、彼はそこに向かって分け入り、キリストを宣べ伝える使命を受けた。彼はその場所で、自らがキリストによって救われたものとして生き、キリストに仕えることの実体を具体的な実践によって表すことを通して、あらゆる人々にキリストを伝えようとした。特に子どもの保護と教育を通して、彼らが「キリスト教的人間」に変革せられ、後の時代をキリスト教化することを期待した。

　ところが驚くべきことに、彼の同胞であるアメリカ人や同僚である宣教師たちとの間にさえ、キリストの福音の完全なる一致がないことを知るようになった。彼において「キリスト教的人間」化は全ての人の目標となった。彼はキリストの福音がもたらす、一つとなる世界への熱望と確信を高めていった。戦争によって隔てられれば隔てられるほど、彼はその使命を明確にしていったのである。

　彼は預言者のように語った。それは理想主義のようにも思われる。しかしそれは「不可能を可能にする神の言葉への絶対的信頼」によるものであった。彼の活動の多くは多くの人に認められた。多くの協力者も得ることができた。しかし日本のキリスト教化も、アメリカにおける完全な福音の一致も彼の生涯においては未完であった。けれども、旧約聖書の預言者がそうであったよ

うに、たとえその生涯において成果を与えられないとしても、預言者は神の言葉の説教者であり続ける。そしてこの世に起こる全てのことを神の摂理のもとに置くのである。彼は自らの生涯においては見ることのできない全世界の救いの完成を、はるか彼方に臨みながら、ひたすら神の言葉であるイエス・キリストの福音を宣べ伝え続けたのである。本国に帰還し、終の住まいとなったカリフォルニア州アルハンブラのアサートンバプテストホームに入居してもなお、そこを拠点に伝道の旅に出かけた。彼は父ニルスのように、生涯福音伝道者であった。

　しかしその働きにおいて、彼は成果を求めたのであろうか。もちろん彼は政治的戦略家であったのであるから、目標値を掲げて行動したには違いない。けれども、彼自身は自らの働きが未完であったことを認めていたに違いない。そうであるから、日本政府から受けた数々の栄誉は、それは彼にとってこの世の誉ではなかったのではないだろうか。それらは、彼が分け入り、入り込んでいった日本において、彼がそこで受け入れられたことの証しに他ならなかった。彼は栄誉としてではなく、日本人の一人として数えられたことを素直に喜んだのである。日本バプテスト深川教会の『八十年志』には、アキスリングが紋付き羽織袴姿で、鳩の柄のついた杖をついてにこやかに映っている写真が掲載されている。この鳩杖は、名誉都民の米寿の祝いに東京都から贈られたものであった。その杖は、いわば都内のどこへでもフリーパスで移動できる特権を与えるものであった。アキスリングの心は、遠く太平洋の向こうの日本に向かって和解の福音の平和の使者として、常に自由に羽ばたいていたに違いない。

【注】

1)　アメリカ・バプテスト宣教同盟（ABMU）は、1910年に名称変更しアメリカ・バプテスト国外伝道協会（The American Baptist Foreign Missionary Society）となった。
2)　アキスリングは1928年3月に関東学院理事に就任し、戦争のため1943年4月に退任、戦後1947年4月再任し、1949年3月には理事長に就任した。（澤野正幸『最初の名誉都民アキスリング博士』1993年燦葉出版、219頁参照）
3)　Leland D. Hine, AXLING, 1969, The Judson Press, p.23.

4) Ibid., pp.25–26.

5) Ibid., p.26.

6) Epworth Leagueは、1889年に組織されたメソジストの青年会である。18歳から35歳の青年を対象にした信仰訓練を目的として始められた。日本メソジスト教会ではこれを「共励会」と呼んでいる。Epworthはジョン・ウェスレーの故郷の地名である。

7) Leland D. Hine, op.cit., p.26.

8) 1873年8月6日、アイオワ州ベントンに生まれた。ネブラスカ州リンカーンの第一バプテスト教会で信仰を育まれ、ウィリアム・アキスリングと同時期にネブラスカ大学で学んだ。途中病気のために休学したものの、復学して教員免許を取得した。1901年、ウィリアムと結婚して、ABMUより宣教師として日本へ派遣された。1960年1月7日、カリフォルニア州アルハンブラのアサートンバプテストホームにて、召天。(Leland D. Hine, "Axling")

9) Ibid., pp.28–29.

10) アキスリングが召天するまで籍を置いたロスアンゼルスの日本バプテスト教会の白石牧師は、東京バプテスト神学校に学んだとき、学生寮の必要のための支出を切り詰めるアキスリングを「ケチな先生」と呼んで非難していたのだが、後にコネチカット州のハートフォード神学校の自費学生になったとき、ABFMSを通して日本から送られた奨学金の主がアキスリングであるということを知って、アキスリングの経営に対する深い考えを学ばされた。また、アキスリングはアルハンブラで晩年を過ごす間、日本からの留学生のために細く長い経済的支援をし続けた。(Leland D. Hine, "Axling")

11) Ibid., p.30.

12) 1836-1921年。アメリカのバプテスト派神学者。ロチェスターに生まれ、エール大学及びロチェスター神学校に学ぶ。ハバーヒル及びクリークランドにおいて牧会したのち、ロチェスター神学校の組織神学教授および校長として活躍した（1871-1912年）。著書『組織神学3巻』(1907-1909年)、『哲学と宗教』(1888年)、『創造におけるキリストと倫理的唯一神』(1899年)、『宣教の旅』(1918年)、など。(日本基督教文書事業部『キリスト教大辞典』1991年教文館、599頁参照)

13) Leland D. Hine, op.cit., p.31.

14) 1861-1918年。宣教師としてドイツから渡来した父のもとに、アメリカで出生。ロチェスター神学校で学ぶ。ニューヨークのスラム街にあるドイツ系バプテスト教会の牧師として11年間、その後母校の教会史教授として働きながら、社会的福音と呼ばれる運動の指揮者として活躍した。著書は『キリスト教と社会の危機』(1912年)、『新社会建設のために』(1912年)、『イエスの社会原理』(1916年)、『社会的福音の神学』(1917年）など。(日本基督教文書事業部、前掲書、1112頁参照)

15) Leland D. Hine, op.cit., p.32.

16) Ibid., p.32.

17）Ibid., p.33.

18）Ibid., p.35.

19）1889年に大日本帝国憲法が、翌年には教育勅語が発布され、それまでの民権主義、欧化主義、国際主義の時代から国権主義、国粋主義、ナショナリズムの時代に転換した。国粋主義によって反外国主義が高まり、宣教師にとって内陸部旅行の旅券の取得や在住権の取得が困難になった。ポートは盛岡中学校で教える契約を結び在住権を得ていたが、これに反対する県会議員の運動により、盛岡に在住する資格を失い、1891年東京へ移住した。（大島良雄『バプテストの東北伝道1880-1940』2005年ダビデ社、38頁、44-45頁参照）

20）Leland D. Hine, op.cit., p.40.

21）大島良雄、前掲書、92-93頁参照

22）Leland D. Hine, op.cit., p.45.

23）大島良雄、前掲書、93-94頁参照

24）前掲書、95頁参照

25）Leland D. Hine, op.cit., p.45.

26）Ibid., p.46.

27）大島良雄、前掲書、96頁参照

28）Leland D. Hine, op.cit., p.50.

29）山本敦子、千蔵茂子『三崎会館社会事業史』1995年日本基督教団三崎町教会、8-9頁参照

30）Leland D. Hine, op.cit., p.52.

31）東京中央会館の名称は時代に伴って改称された。1908年、東京中央会館（東京中央タバナクル）設立。1915年、東京三崎会館（三崎タバナクル）と改称。1924年、東京三崎会館、支館深川会館設立。（山本敦子、千蔵茂子、前掲書、3頁参照）

32）1874-1958年。牧師、説教者。東北学院卒業後渡米してムーディ神学校に学び、按手礼を受けて帰国し、今日と新潟で牧会。雄弁、熱烈な説教者であり、数度の世界一周伝道を行うなど、内外各地を巡回して伝道した。（日本基督教文書事業部、前掲書、263頁参照）

33）山本敦子、千蔵茂子、前掲書、20頁参照

34）Leland D. Hine, op.cit., pp.54-55.

35）大島良雄、前掲書、160頁参照

36）「城北に存在する第一浸礼教会、日本独立浸礼教会、四谷浸礼教会等に書を寄せられ、合同して新しき有力な教会をこの新会堂に組織せられんと勧告懇切を極めた。是においてこれに応じたるは第一浸礼教会と日本独立浸礼教会のみであった。この二つの合同組織したるものはすなわち現在の中央バプテスト教会である。」（前掲書、168-169頁参照）

37）Leland D. Hine は p.56. で 109 人と記載しているが、大島良雄は中島自身の著書に当初の教会員は 30 人で、25 年後には 300 人になったと記載している（大島良雄、前掲書、168 頁参照）

38）前掲書、172 頁参照

39）「宣教」のプログラムは主日礼拝、週日夜の宣教、聖書教室、日曜学校、婦人会、青年会。「教育」のプログラムは共学の夜学、若婦人の昼間のクラス、幼稚園、土曜日公開講座。「社会奉仕」のプログラムは男子の交友会、看護婦の近隣巡回、徒弟の夜学、勤労少女の夜学、働く婦人のための託児所、児童遊園、無料法律相談、勤労者福祉事業。（山本敦子、千蔵茂子、前掲書、33 頁参照）

40）前掲書、32-33 頁参照

41）前掲書、18 頁参照

42）「土着のキリスト者は指導者を提供するべきであり、キリスト者の働きの指導性を引き受けるべきであることは、全ての国における理想である。さらに日本において、それは本当であり、有効な働きに不可欠な特徴の一つである。それは不可欠である。なぜなら日本は外国の指導権を我慢することはないし、必要ともしないからだ。」(Leland D. Hine, p.57.)

43）大島良雄、前掲書、276-278 頁参照

44）アキスリング夫妻は帰米して募金に尽力され、たちまちこの予算を突破した。シカゴ大学神学部が 3 万ドルの寄付を約束してくれた。シカゴ、ロチェスターそしてコルゲート神学校の協会は、その確保に協力することを可決した。…同窓会を通してこのキャンペーンの結果、すでに 8 千ドルが献金された。このように海外の見知らぬ日本の会館のため、多くの神学大学関係者によって、東京中央会館は再建されたことを感謝をもって心にとめなければならない。（山本敦子、千蔵茂子、前掲書、47-48 頁参照。）

45）Leland D. Hine, op.cit., p.67-68.

46）Ibid., p.68.

47）澤野正幸、前掲著、168-178 頁参照

48）山本敦子、千蔵茂子、前掲書、52-53 頁参照

49）前掲書、55-62 頁参照

50）Leland D. Hine, op.cit., p.77.

51）山本敦子、千蔵茂子、前掲書、56 頁参照

52）深川区域は、徳川家康が幕府を開いてから順次埋め立てが行われ造成されたものである。古利根川の河口に位置するこの低地帯は、江戸時代から多くの風水害に襲われた。東京湾に臨んでいるため高潮や洪水、河川護岸の決壊、集中豪雨などでたびたび浸水する土地であった。（山本敦子、千蔵茂子、前掲書、139 頁参照）

53）前掲書、141-144 頁参照

54）「1911 年今井革牧師、深川に基督教講義所開設の記録、教報 5・20 号に。1912 年深川

伝道所、深川区東大工町（現白河1丁目）へ。1923年関東大震災により会堂焼失。多田師宅にて日曜礼拝。1924年多田牧師辞任。アキスリング宣教師、深川会館設立。1931年白川2丁目5番地（現在地）へ移転、深川会館教会に改称。」（日本バプテスト深川教会『八十年志』1990年212頁参照）

55）ウォルター・ラウシェンブッシュ『キリスト教と社会の危機』2013年ポール・ラウシェンブッシュ編、山下慶親訳、新教出版、480頁参照

56）Leland D. Hine, op.cit., p.65.

57）Ibid., pp.82-83.

58）Ibid., pp.84-86.

59）大島良雄、前掲書、365頁参照

60）Leland D. Hine, op.cit., pp.86-100.

61）Ibid., p.84.

62）Ibid., p.88.

63）Ibid., pp.89-90.

64）Ibid., pp.95-100.

65）Ibid., pp.140-143.

66）豊川慎『河井道と遣米使節団』明治学院大学キリスト教研究所紀要2016年 420-424頁参照）

67）Leland D. Hine, op.cit., p.141.

68）豊川慎、前掲書、430-431頁参照

69）Leland D. Hine, op.cit., p.142.

70）豊川慎、前掲書、436頁参照

71）Leland D. Hine, op.cit., p.143.

72）豊川慎、前掲書、438頁参照

73）都田は遣米使節団の一人に選ばれたが、NCC総幹事であり、まもなく行われる合同教会の創立準備委員会の初期に選ばれていたために辞退した。（前掲書、421-422頁参照）

74）Leland D. Hine, op.cit., p.165.

75）Ibid.

76）1879-1971年。アメリカの長老会宣教師。1905年来日し、明治学院、日本神学校で教え、東京女子大学、日本聾学校の創立にあずかり常務理事として女子大学の経営のために尽力した。次男エドウィンは中日アメリカ大使。（日本基督教文書事業部、前掲書、1108頁参照）

77）Leland D. Hine, op.cit., p.160.

78）Ibid., p.161.

79）Ibid., p.162.

80）Ibid., p.102.

81）Ibid.

82）会館の管理方針については、宣教師会と日本人職員との間に設立当初から種々の疑問が持たれていたことが多くの資料に見ることができる。その問題は、第二次世界大戦により閉鎖されるまで解決されることはなかったという。その危惧に対して1908年宣教師会によって会館管理法が示されている。（山本敦子、千蔵茂子、前掲書、17-19頁参照）

83）Leland D. Hine, op.cit., p.130.

84）Ibid., p.101.

85）村瀬義史『宣教における教会間のパートナーシップの一考察』　https://core.ac.uk　233-234頁参照

86）Leland D. Hine, op.cit., p.101.

87）賀川豊彦（1888-1960）は、伝道者、日本督教団教師。徳島県出身で地元の名士であり多くの政治家と親交のあった父純一の愛人の子として神戸に生まれた。4歳にして両親を亡くし、徳島の本家に引き取られたがその出生のゆえに祖母と継母から疎まれ孤独な幼少期を送った。徳島中学在学中に宣教師に導かれ受洗。明治学院神学部予科、神戸神学校、プリンストン大学、プリンストン神学校に学ぶ。神戸神学校在学中より貧民窟に住み、貧困者への伝道に努めた。関東大震災に際して、東京本所にセツルメント事業を起こし罹災者の救援を行う。キリストへの徹底的献身とキリストの贖罪愛の実践は、労働運動、農民運動、協同組合運動、セツルメント事業、日本農民福音学校、神の国運動、イエスの友会、キリスト新聞社、世界連邦運動等を創始した。著書は『死線を超えて』（1920年）、『神による新生』（1929年）、『一粒の麦』（1931年）、『宇宙目的論』（1957年）、他多数。（日本基督教文書事業部、前掲書、202頁参照）

88）Ibid., p.106.

89）澤野正幸、前掲書、99-130頁参照

90）Leland D. Hine, op.cit., p.107.

91）Ibid., p.108.

92）日本バプテスト東部組合と日本バプテスト西部組合の合同問題は1935年から正式に研究され始めた。東部組合の委員は、千葉勇五郎、大澤孫一郎、藤井藤太、澤野良一、友井槙、髙橋輝明、渡部元、W.アキスリング、D.C.ホルトム、A.C.ビックスビーが選出された。（原真由美『キリスト教宣教と日本』2018年、彩流社、75-76頁参照）

93）前掲書、78-79頁参照

94）Leland D. Hine, op.cit., p.130.

95）Ibid., p.133.

96）Ibid., p.135.

97）Ibid., p.136.

98）山本敦子、千蔵茂子、前掲書、165-166頁参照

99）前掲書、177頁参照

100）Leland D. Hine, op.cit., p.173.

101）Ibid., p.174.

102）Ibid., p.177.

103）Ibid., pp.177-178.

104）Ibid., pp.178-179.

105）1923年設立した日本基督教連盟は、1941年に諸教派合同による日本基督教団結成に際してその働きを終えたが、1948年、日本基督教団からのプロテスタント諸教派の分立に伴い再設立され、日本キリスト教協議会と改称された。略称は同じくNCCであるが、本論文においては1948年以前においては「日本基督教連盟」と表記した。

106）Leland D. Hine, op.cit., p.181.

107）現状のままで教勢が推移するなら、2030年には教会員の2/3が75歳以上になり、会堂や教会活動の維持が困難になるという問題が重要課題として認識されている。

第4章　バプテスト教会から去った諸教会の 歴史とその諸問題

古谷　圭一

1. は じ め に

　キリスト教会において、いずれかの教派に所属していることは、当然のように考えられている。教派は、教理、職制、礼典、典礼などの信仰告白や教会政治における強調点の違いによって生まれたもので、その合同教会としての一つの信仰（エフェ 3:5）をまもり、これを育て、後代に引き継ぐために生まれた個別教会のあつまりである。

　このためには、各教派では、その信仰を与え、育て、守り、後代に受け継ぐ働きが必要で、そのための信仰指導育成、職制、礼典、典礼の規則が定められている。

　バプテストの信仰も、その一つとして、教会を信仰によって新たに生まれた者の集まりとし、万人祭司、聖書主義、個人の信仰における良心的自由とそれを基礎づける政教分離を主張し、その上に立つ個別教会の主体性を重んじる会衆主義を守り、教職者も信徒として平等であり、信徒伝道の強調、主体的な信仰の告白にもとづく浸礼によるバプテスマ、その上に立つ新生児洗礼の拒否、固定的に規定された信仰箇条の否定が特徴である。さらに、それによって結成された日本バプテスト同盟はそれぞれの教会の自主性を尊重しつつ、連合体を形成することを付言している[1]。

　一方、日本基督教団（以下教団と略す。）は、エキュメニカルな信仰体としての主張からこれに同意する各教派の教会が合同したもので、その信仰的中心として、教憲、教規を制定している。すなわち、「おのおのその歴史的特質を尊重しつつ（ある）聖なる合同教会の交わり」であることを宣言し、会

議制の政治形態による教会の連合体である。（ただし、その最高決議機関は教区総会か各個教会総会か明瞭ではない。)[2] 彼らは、三位一体の神による人の罪からの救いを告白し、主の体である教会を、礼拝を守り、福音を正しく述べ伝え、聖礼典であるバプテスマと主の晩餐を執行するあつまりとし、使徒信条を信仰告白の中心としている[3]。

　これらの宣言は、本来は、それぞれの教派のひとびとが、宗教改革の時代には、異端とされる状況の中で、死を賭してみずからの信仰の正しさを主張したものであって、それぞれの告白を彼らが遵守すべき best なものとして表明したものとしてよいであろう。

　一方、教団では、実は、かつては、所属する各教派のそれでなければならなかった信仰条項を「歴史的特質」として共存させることで、教派対立を克服した超教派合同教会を形成したとしている。このことは、かつては一つの合同教会としての旧教派の信仰告白を単なる歴史的伝統として認めつつ、それぞれが他の旧教派のそれよりも better なものとして受け止めて相互の立場を認め合うことを意味している。すなわち、かつて所属していた自己の教派のそれらを他教派のものよりもより信仰的と信じながら、他教派の歴史的伝統も、異端としてではなく、（いささか問題はあるが）、正しい信仰的態度としては（自派の教義は他派よりはより信仰的という比較級として）同じ主を信じるキリスト者として受け入れる信仰的立場をとることを表明していると考えられる。

　ところで、現在の日本においては、ひとりの人が、キリスト教会に出会い、自己の信仰に即した教派を選ぶのは、多くの場合、その教会が属する教派の信仰の神学的特長によってではなく、たまたま洗礼を受けた教会の礼拝や典礼の様式をキリスト教一般のそれらと受取って自己の信仰的立場としている場合がほとんどで、他派の教会の礼拝に出席したり、対立する場と出会って、はじめてその違いに気づくことが普通で、それが神学的理由に基づくものと意識する者はかなり少数であろう。さらには、教職者の任命方式が教派特有の信仰的・神学的意味をもつものと悟るのは、長老、または、執事となり、教会運営の責任を担うようになって、さらに他教派教会との信仰的な違いを

意識するようになってからのことであろう。

　また、教職者も、自派の神学的特徴は神学校で学ぶにしても、他派のそれ
らについては、客観的に学ぶ機会はほとんどなく、また、それを真剣に求め
て比較しようとすることは、現在の神学教育システムではほとんど不可能で
ある。例えば教団所属の東京神学大学や同志社大学などでの教団所属の旧教
派のこれらのカリキュラムに、それぞれ長老派または組合派、メソジスト派
以外の伝統的特質をもつ旧教派についてはコースとして存在するにしても、
関連する教団とは異なるそれぞれの独立教派系の神学校に委託しており、教
団の信仰告白として教団に所属する旧教派の歴史的伝統を客観的にまとめた
教会学が教授されているようには思われない。この一つの表われは、既に長
い間対立したままとなっている教団内の長老主義的教会観と会衆主義的教会
観である。教団教師になるべくしてどちらか一方の教会観を教団の教会観で
あると教えられた者にとって、そのどちらでもない教団の会議制の場では、
そこで議論される教会観に立脚した論議、例えば、宗教改革時に生まれた監
督制、長老制、会衆制それぞれが体制に対する抵抗として拠って立った原理
を弁えないままに、自派の教会観のみを教団本来のものとする主張は、互い
にかみ合わないのが当然で、それが意識しないままに、たがいに対立するこ
とによって、教団が本来目指したエキュメニズムとはまったく反対の状況を
生み出してしまっている。その結果、この対立に巻き込まれないように静観
する教会が大多数となっている。合同教会の意思決定をどうするかの問題は、
創立以前からの重大問題であったし[4]、戦後再編制の時代には、現在の教団
よりもはるかに真摯にこの問題が取り上げられ[5]、対立よりも「一つとなら
ん」とする方向性が明白であった。それ以来半世紀以上を経て、「一つとな
らん」とする努力は、優勢な教派の「歴史的特性」でもって教団を塗りつぶ
すことが「正常化」と考えられるようになっている。これは本来エキュメニ
ズムを求めて集まった旧諸教派の理想とはまったく反するもので、会議制に
占める大旧教派の意識する「正統性」の押し付けでしかない。教団の初期に
離脱した教派の多くは、先にこのような状態となることを見通して離脱した
ともいえよう。このような事態をもたらしたわれわれの誤解は、ローマ・カ

トリック教会のプロテスタント・エキュメニカル運動に対する独善的正統性の態度とほぼ同様の論理に立っており、本来プロテスタント教会がプロテストしたはずのものであったといってよいであろう。

　このような状態となった原因は、戦後の教団再編時の互いに他派の立場の正当性も思いやるエキュメニズムの意識が、世代交代の中で忘れ去られ、教団成立時点でその目的のために払った努力が継承されないままに、正常化意識のみが独走してしまったことにあろう。しかも、大多数の教会はそれを傍観して巻き込まれないように無関心を装っているのが現実である。かつては、一つなる合同教会を形成し（つつあった）教団が、一つなる合同教会を（強引に納めて）形成する教団となったら、かつて教団の教会性に疑問をもって離脱独立した教派とどこが異なるのであろうか。

　教派成立の歴史をみると、体制的教派の信仰の形式化という堕落に対する信仰の浄化を求めて新教派が生まれ、それに対して、体制側は、新教派を過激、異端と断じてその動きを封じようとした。やがて、その新教派が体制化し、形式化すると、さらに新しい過激派、異端が生まれる。17-18世紀のイギリス、18世紀以降のアメリカにおける各教派成立過程のチャーチ、セクト、ラジカル抗争の歴史はまさにこれであった[6]。

　互いに自派を正統、他教派を異端として対立するのは、この歴史から見ると、当然で、それをエキュメニズムの理念によって克服しようとしたのが、合同教会を目指す教団だったはずである。それを本来目指したはずの理想のエキュメニズムに立つことを忘れて、一方のみの歴史的伝統に教会を統一しようとするのは、教派対立をアウフヘーベーンすることではなく、現在まで続く混乱対立の解決の方法では決してない。これは、改革長老派が会衆派に、会衆派が諸セクトに対して繰り返してきた歴史である。

　戦後の1946年から1960年の間の教団再編期には、まず聖公会、バプテスト連盟、ルーテル教会、救世軍、その他の小教派が教団から離脱した。その理由は、その教会観が教団の教会観と異なること、教団内部では少数派のため独立が保てないこと、宣教師団からの教団を介さない直接の人的・財的援助が必要であることなどであったが、日本基督教会の場合は、教団の唱える

合同教会は、たとえ戦中の統領制の教団であっても、諸教派がその教会観を保ったままで一つの組織となることは、決して一つの合同教会を告白することではないとして離脱した。これとは反対に、日本バプテスト同盟の場合は、一つの教会内に他と違う教会政治を行なうとして「合同なる教会内にさらに部分的に合同な教会を認めることはできない」とする教団の態度に同意できず、教団から離脱した。当時教団に残留を求めた、バプテスト派の教団新生会の場合は、再編後の教団の教会観が教派ではなく、エキュメニズムの理念に拠って歴史的伝統としてその違いを保とうとしたことを示していたといえよう。

かつて戦前の日本バプテスト東部組合（以下バプテスト東部組合と略す）に所属していたが、現在、教団新生会にも日本バプテスト同盟にも所属していない教団所属教会がある。これらの教会がどのようにしてバプテストの歴史的特質と決別したかの歴史は、戦中戦後に信仰を与えられた世代が消えつつある現在、バプテストの信仰を受け継ぐ教団内の教会にとって、その経過を明らかにして、あらためてその信仰のあり方、継承のための必要性を理解しておくことは、ことに、各個教会の自由、信仰者の主体性を大切にするバプテストとしてもっとも必要なことではないであろうか。

従来の個々の教会の歴史は、記念史的なものが多く、その裏に隠されているマイナスと思われる事項は表面に表われてはいない。客観的立場から眺めることにより、ようやく歴史となる。

本論文は、これらの教会の歴史を調べることによって、おのおのの教会がそれぞれの歴史的伝統から離脱した経緯を明らかにし、現在直面しつつある戦後のキリスト教ブーム世代の交代の時がせまっている現在の教団新生会所属教会が直面する課題に対するあり方に寄与するものとしたい。

2.　教団西荻教会

2.1　西荻教会の創立まで

　教団西荻教会は、明治12（1879）年8月、イギリスバプテスト宣教師ホワイトによって本所区松坂町に設立された本所浸礼教会、別名東京第二浸礼教会に始まる。明治18（1885）年3月には京橋区築地2丁目に移転し、京橋浸礼教会となり、これが明治31（1898）年3月、同区築地3丁目に移転、明治39（1906）年、材木町浸礼教会と合併して京橋記念教会と改称した。大正5（1916）年に同区木挽町2丁目に移転したが、大正12（1923）年9月関東大震災により会堂焼失、同年10月より青山区原宿の信徒宅で集会を続け、大正13（1924）年3月原宿バプテスト教会と改称した。同年3月には同区隠田に土地を入手し、会堂は昭和4（1929）年6月に完成したが、教団成立時に名称を教団隠田教会とした。昭和20（1945）年5月に空襲により会堂は再び消失、教会員は疎開、戦災等で離散した。この間、主任牧師は、鈴木重威、小森谷多吉、高橋楯雄、今井　革らが勤め、昭和4（1929）年以降は、高橋輝明が担任教師であったが、高橋は昭和17（1942）年ころから老齢のため辞任の希望をもち、折から日本バプテスト西部組合（以下バプテスト西部組合と略す）小倉教会を辞して上京していた片谷武雄牧師に後任を依頼したが、片谷は独立伝道の志をもっていた[7]。

　片谷牧師は、東京学院神学校を熊野清樹、沢野良一と同期で卒業、大正7（1918）年根室教会に赴任、その後、大正9（1920）年、バプテスト西部組合の小倉教会に赴任、昭和17（1942）年3月までの22年間主任牧師としてつとめた。その間、牧師給の自給、付属幼稚園のミッションからの独立、神の国運動を契機としての各教派の人々との積極的交流を果たした。昭和17（1942）年一部の教会員と意見が対立して[8]辞任している。本人はその理由を「国粋思想が台頭してきたので、国学の勉強をしなければとの必要を感じて」と述べている[9]。その裏には、教会内部の対立があったようである[10]。

　片谷は、上京後、折からバプテスト新生社団所有の杉並区阿佐ヶ谷6丁目の元日本バプテスト杉並教会、牧師舘、および付属の杉並愛児園（正式名はときわ幼稚園）の土地建物を入手した。

　当初、片谷はここを東京での伝道の拠点として教会を設立する心積もりであったので、同じバプテスト新生社団の土地を利用できると考えていたが、新生社団は個人の資格の片谷に買収を要求している。これは、そこに新生会所属の教会を設立すれば、所有者の片谷はその土地建物を新生社団に寄附しなければならないこととなる。

　折から片谷への売買の直前に、この土地建物に関して、それまでの所有者バプテスト新生社団内部で係争があったが、これはこの売買に関係した可能性がある。

　当時新生社団理事で関東学院長坂田祐の昭和17（1942）年5月の日記には、新生社団元主事藤井藤太[11]と当時の主事の菅谷 仁の間の裁判事件に関する坂田の調停のことが書かれてある[12]。藤井はときわ幼稚園設立時の設置申請書にはその園長として記載されており[13]、売却時の担当が菅谷であった。片谷の要望が新生社団内の活動として受取られるならば、これは売買契約ではなく、貸借契約となるはずである。結局、売買契約であったことは、片谷が新生会とは独立であることを表していよう。

　片谷は、小倉教会の会員の材木商吉崎彦次郎と従弟大内経雄の援助で、杉並区阿佐ヶ谷の日本バプテスト杉並教会、牧師舘および付属の杉並愛児園（正式名はときわ幼稚園）の土地建物を1万円で入手したが、戦時中はこれらを利用できないままに、パッキング工場として接収されたので、西荻窪3丁目の借家で小倉時代の片谷先生後援会の援助で彼の生活を支えた[14]。

　昭和21（1946）年阿佐ヶ谷の土地建物は返還され、片谷はここでのぞみ教会と付属のぞみ幼稚園を同年11月に発足させた。それと同時に、片谷は隠田教会の礼拝を援助し、会員の相談にもあずかっていた。

　戦災を受けた隠田教会は、会員は離散し、長老原田松太郎のもとにわずか9人の会員が会堂の焼け跡にバラック小屋を建て、日曜学校と諸集会をここで行っていたが、高橋輝明牧師は戦争直前から隠退の意思を表明し、片谷を

後任牧師として望み、福島県に疎開していたが、片谷牧師がこれとは独立に阿佐ヶ谷に設立したのぞみ教会との合同礼拝を昭和23（1948）年から実現した[15]。

　一方、教団内に設けられた日本のキリスト教会復興のために捧げられたアメリカ諸教派からの献金を配分する日米内外協力会から戦災によって会堂を失った隠田教会に100万円が割り当てられることになり、教会員と片谷牧師は、土地を杉並区西荻2丁目の現在の場所に見つけ、ふたたび小倉時代の関係者の協力と、原宿教会に関係があった岡崎福松元牧師[16]のシアトル日本人教会からの援助を主とした献金と借入金により購入した土地に木造の会堂および牧師館、幼稚園建物を立て、昭和25（1950）年5月隠田教会は教団西荻教会として出発した[17]。献堂式は6月4日に行われたが、この式に招かれたのは、教団総会議長の小崎道雄以下、同復興委員、同東京教区長、同副教区長であり[18]、バプテスト関係者は片谷の個人的関係者のみであった。この頃の会堂は講壇の後ろに浸礼槽を備えたバプテストの伝統をもつ会堂である[19]が、当時の教団新生会には所属の届けはないようである。また、教会役員は執事ではなく、長老と呼ばれている。この時、のぞみ教会の会員の大部分が西荻教会に移籍したが、以後、のぞみ教会は西荻教会の一伝道所のような姿として片谷牧師の昭和46（1971）年7月の死まで存続した。のぞみ幼稚園は昭和25（1950）年学校法人としての届けを完了して教会の付属から切り離されている。

　原宿教会とのぞみ教会が合同礼拝を行うようになった昭和25（1950）年8月、隠田の建物が無断で改築され、高橋輝明元牧師の息子高橋輝邦が居住していることがわかり、教会会報[20]に報じられた。隠田教会では、ここは公益社団法人隠田教会の土地であるので普通人の居住は認められないこと、居宅としての税法上の問題、建物の所有権は隠田教会に属することを理由に明け渡しを要求したが、回答がなく、そのうち、輝明牧師もここに住むようになり、昭和25（1950）年9月18日[21]ここで逝去した後に、この問題は解決したものと思われる。この問題の底には、善意に基づく口頭約束が隠田教会の牧師就任についての双方の理解のすれ違いにあったことが推察される。

2.2　西荻教会のその後

　昭和25（1950）年片谷武雄は幼稚園を設立し、これを学校法人西荻学園と
して教会とは独立させた。この配慮は、司牧する西荻教会と経営する幼稚園
の法的立場を区別することによって、教会の上部団体の財産として吸収され
ることを防ぐ配慮をしたものと考えられる。昭和42（1967）年4月から、教
団からの紹介で、後に担任教師となる杉本　茂が伝道師として赴任する。こ
の頃の伝道礼拝には、桑田秀延、菅　円吉、武藤富雄、浅野順一、佐竹　明、
根室時代の教え子の池田　鮮の名前があるが、池田以外にバプテスト関係者
はいない。この頃、片谷は教団の事情、神学校、東京教区について強い関心
を懐いていたという[22]。バプテストから離れた教会の将来を模索していた可
能性が感じられる。農村伝道神学校からの神学生の派遣を求めたのもこの頃
であった[23]。

　会堂の場所は中央線西荻窪駅の近くではあったが、当時は、近くにはまだ
田んぼ、あぜ道がある場所であった。しかしながら、都市化の波に乗って駅
前には建物が建てられ始め、東京都は都市不燃化、高層化構想を立て土地を
提供した地主には高層ビルをつくれば、その建物の1/3を無償で地主に提供
することにした。片谷はこれに応募し、この計画によって、西荻教会は1、
2階を幼稚園、3階を教会、4階の牧師宅を除く4-9階を都の分譲マンション
とする現在の建物を昭和45（1970）年5月に完成した。教会には浸礼槽は備
えられていない。会堂建築中には、仙台の原　良三牧師が応援に来たことが
記されている[24]。

　これには、再び片谷牧師のリードで小倉教会時代の関係者らを主とする献
金および借入金で支えられた。

　会堂、幼稚園完成後の献堂式は昭和45（1970）年5月10日に行われたが、
翌年7月、片谷牧師は急逝し、教会役員は教務には代理者として日本YMCA
総主事池田　鮮を立て、教会役員会は昭和42（1972）年4月に建物建設にか
かわる事情経過にくわしい元伝道師の杉本　茂牧師を後任牧師として選任し
ている。この頃から西荻教会は、浸礼を滴礼に変え、教団の改革長老派系教

会としての歩みが始まっている。

　平成21 (2009) 年杉本牧師の逝去後、現在の有馬頼尊牧師が就任し、バプ
テスト時代の会員はいない状態である。

2.3　ま　と　め

　片谷牧師は東京学院を卒業し、戦前は、バプテスト西部組合系小倉教会の
主任牧師を長く務め、小倉教会を育て上げたが、昭和17 (1942) 年、教会の
分裂問題の中で辞任し、東京杉並阿佐ヶ谷でのぞみ教会、のぞみ幼稚園を創
始した。その建物と土地購入時にバプテスト新生社団内部でこの土地、建物
に関して問題があった可能性があり、戦災に遭った隠田教会に関しても、バ
プテストの前任者との間にトラブルがあり、日本バプテスト両組合に対して
の信頼が薄れていた。一方、教団の有力関係者たちとはこれまでの小倉教会
以来の接触で信頼が厚く、教団に対してのつながりが、その後の二度にわた
る会堂建設を通じて深まった。教団内の改革長老派系教会となったのは、杉
本　茂牧師のときからである。

　一方、隠田教会の教会員、以前からの関係を持つのぞみ教会員らは、片谷
牧師の教派意識の変化をあまり感ぜずに、また、気がついた場合でも、(そ
れは浸礼の廃止であって、執事制から長老制への変化ではなかった) 牧師につき
従う姿勢を守ったことが認められる[25]。

3.　教団水戸教会[26]

3.1　水戸教会のこれまで

　教団水戸教会の始まりは、明治20 (1887) 年12月、牧師をABMU (アメリカ・
バプテスト宣教同盟)[27]宣教師フィッシャー[28]、執事を梅沢義道とした水戸浸
礼教会として設立された。それ以前には明治11 (1878) 年聖書販売人として
ゴーブル[29]が巡回説教を行い、フィッシャー宣教師が明治16 (1883) 年に平、
水戸で伝道活動をし、水戸では定住伝道者として富山定八がこれに従事して

いた。

　明治21（1888）年、クレメント宣教師[30]が県立水戸中学の英語教師として赴任し、フィッシャーの後を継ぎ、明治23（1890）年には鉄砲町に会堂が作られ、水戸中学生石川保五郎が受洗した。水戸中学には札幌農学校で受洗した渡瀬寅次郎[31]が校長として在職していた。担当宣教師は定期的巡回説教を行い、運営は信徒によってなされていたが、保守的土地柄で定着が困難で、明治32（1899）年から明治34（1901）年まで松野菊太郎牧師、赤川 潔牧師とブランド宣教師夫妻が赴任定住したが、妨害が激しかった。その後も昭和5（1930）年頃までは、渡部 元、滝沢菊吉、小野村 功、篠崎萬亀江、吉田 繁、中島辰蔵の諸牧師、ミス・カーペンター、デーリング、ジョーンズ、ホルトム、ミス・クラゲットらの宣教師が担当したが、いずれも短期間で、無牧状態の時も多くあった。それでも、昭和6（1931）年には市社会課後援で市内の友会（フレンド）、日本基督教会、聖公会、救世軍と協力してクリスマス予算を縮小して市内貧困家庭に贈り物をした記録がある。またこの年には、裡南町にヴォーリス設計の3階建ての浸礼槽を備えた会堂を建築した。このようにして、市内にある教会のうちもっとも大きい教会となった。昭和7（1932）年内藤忠雄伝道師が担任牧師となってから教勢が安定した。昭和16（1941）年4月メソジスト派教会が会員の転入の形で合同、教団の成立に伴い、市内の無牧の日本基督教会、フレンド教会、セブンスデイ・アドヴェンティスト教会を吸収合併し、教団水戸南町教会となって超教派的色彩を帯びるようになった。当時水戸には四教会があったが、水戸南町教会のみ第1種教会であった。この直後、内藤牧師は神戸下山手教会に転出、鈴木 浜牧師が主任となったが、昭和19（1944）年鈴木 浜牧師は日本基督教団南方派遣宣教師としてインドネシアへと離任した。昭和21（1946）年8月会堂は空襲により被爆、泉町の教会員宅で集会を続けた。

　昭和21（1946）年、宗教団体法廃止により、フレンド教会とセブンスデイ・アドヴェンティスト系会員は離脱、残った会員の意識は、その他の諸教派合同の教会であるので、バプテスト同盟には属さず、教団水戸教会として教団残留を決意した。当時の会員にはバプテスト系会員が多かったが、メソジス

ト系会員の事情も考慮された。この頃は鈴木　浜牧師が昭和27（1952）年10月まで主任担任教師であった。会堂および付属幼稚園聖光学園保育部は、バプテスト系会員矢口氏が砂久保町の所有地を献じたという。牧師の後任には、昭和28（1953）年牧師招聘委員会（役員会）が本阿弥政一牧師を選任したが、洗礼方式は、戦前は那珂川か専用プールで行われたが、この時からは風呂桶を使っていたという。

　昭和34（1959）年頃から同志社神学部との関係が強くなり、同校関係の伝道師が派遣されるようになって組合派的色彩が濃くなった。

　昭和37（1962）年新会堂を献堂し、昭和54（1979）年本阿弥牧師が退任して名誉牧師となり、後任は白神章道牧師が緑野教会から転任、この頃から組合派系教会となって、翌年本阿弥牧師が逝去され、平成18（2006）年白神牧師召天、松井伝道師が主任牧師になり、平成20（2008）年に新潟燕教会に転任、その後を橘　秀紀牧師が高崎南教会から転任、現在に至っている。

　教会ホームページには、バプテスト教会として始まった歴史が詳しくまとめられていたが、現在直接記憶に止めている教会員は居らず、それを伝える人もいない状態となっている。

3.2　ま　と　め

　バプテスト東部組合の水戸伝道は、極めて早くから、バプテストの有力宣教師たちが関わっており、ことに県立水戸中学には英語教師としてのクレメント、校長として渡瀬寅次郎などの東京学院設立者がかかわっていたが、担任牧師はいずれも短期間に離任し、ようやく会況が安定するのは、内藤忠雄牧師の昭和6（1931）年頃であった。この頃は、教会員として市内有力者が名を連ね、教団の発足時には市内の他教派の小教会、無牧教会を吸収合同している。これが、バプテストの伝統を強調する教団新生会に加わることなく、その後の教派に捉われない教団教会となる基礎となっている。終戦による宗教団体法廃止に際しては、同時に教団から脱退した教派の教会員以外は、超教派会衆制の教会を形成している。

4. 教団目黒原町教会

4.1　目黒原町教会の歴史

　教団目黒原町教会は、昭和3 (1928) 年芝バプテスト教会講義所として設けられた家庭集会から生まれた。昭和8 (1933) 年碑文谷講義所として独立が認められ、この頃は、碑文谷付近は住宅地として開発中であり、バプテスト関係者の付近への移転が多く、安部忠義牧師が主任牧師として就任創設された。准允したばかりで赴任した安部牧師の苦労の話が残されている。

　2代目の牧師は、渡部　元であり、昭和11年 (1936) 年に就任、翌年会堂を現在地の目黒区原町に献堂、翌年付属幼稚園を設立している。

　渡部　元牧師は、かねてより日本の教会の宣教師団からの独立を主張しており、当時の教会合同運動の主唱者の一人でもあり、バプテスト東部組合の教会合同委員のひとりでもあった。また、教団結成の直接のきっかけとなった昭和15 (1940) 年10月16日の皇紀二千六百年記念奉祝基督教信徒大会の合同宣言に基づく合同準備委員のバプテスト派からの3名の委員のひとりでもあった[32]。その努力の結果、昭和16 (1941) 年11月に教団が結成されて教団目黒原町教会となった。

　昭和17 (1942) 年12月渡部牧師は辞任して、青柳　茂牧師が就任した。戦後、宗教団体法が廃止され、戦時中に強引に合同させられた教団から旧バプテスト西部組合系の教会は直ちに脱退して、日本バプテスト連盟を結成した。一方、旧バプテスト東部組合系の教会は分裂して、教団に残留した教会は教団新生会に、脱退した教会は日本バプテスト同盟を結成した。目黒原町教会は、前者の道を選んだが、当時、青柳牧師は、個人的には教団脱退を考えていた可能性が高かったが、役員会は教団残留が当時常道だと思っており、大きな教会は何れも出ないのが普通という感覚であった[33]。これには、当時の教団内の委員にもバプテストの大教会の牧師が何人も任命されており、教団内でバプテストの主張もそれなりに受け止められ、配慮される状態であっ

たためであろう。

　青柳牧師は老齢のため昭和59（1984）年に引退し、副牧師の高橋昭二牧師が主任担任牧師になった。高橋牧師の時代には目黒原町教会は教団新生会に所属しており、そのため、昭和47（1972）年教会の土地建物の権利は基督教新生社団から無償で譲渡されている。このことは、当時の目黒原町教会は教団に残留した新生会教会の積極的メンバーであったことを意味している。

　昭和46（1971）年4月からは野沢満雄牧師が5代目牧師として就任した。『目黒原町教会五十年の歩み』[34] はこの時期に発刊されたもので、この中の第二章「新生会と私（教団バプテストの歴史）」が甲原　一牧師によって寄稿されており、この当時の目黒原町教会と教団新生会のつながりを示している。また、戦前からの教会員が執事の中心として活動している。

　昭和55（1980）年からは古屋博規牧師が就任した。古屋牧師は、同じ教団新生会の原町田教会で花岡政吉牧師と小栗善忠牧師に育てられた。このため、教団新生会とのつながりはきわめて強かった。

　平成4（1992）年3月古屋牧師の退任後は、小林　聖伝道師が担当し、平成6（1994）按手を受けて担任牧師となったが、平成9（1997）年1月同じ教団新生会の豊岡教会に転出、教会執事会は教団新生会に後任人事推薦を依頼した結果、元牧師の高橋昭二牧師が挙げられた。しかしながら、執事会はこれを拒否し、教団人事部にこれを依頼、メソジスト系関　潔神学生が推薦され、同師は平成9（1997）年5月より赴任し、同年12月准允、平成12（2000）年4月按手礼を受けて主任牧師となった。この頃から、教団新生会内部のバプテスト人材が少なくなって所属教派系のポストを満たすことが難しくなり始めたことを示している。

　ところが、平成13（2001）年、関牧師は2ヶ月の入院をしたため、平成15（2003）年2月より、同じくメソジスト系の伊勢田奈緒神学生が教団を通じて派遣され、5月に准允副牧師となり、翌年の平成16（2004）年関牧師の辞任後担任牧師となった。

　この時期から目黒原町教会は変化が大きくなったことが推定される。執事会メンバーから古くからの男性メンバーが去り、古参の夫人メンバーが中心

となり、礼拝において牧師は式服の黒ガウンを着用するようになった[35]。

　伊勢田牧師は平成19（2007）年3月に辞任し、4月には同じく教団からの推薦によって岩居保久志牧師が赴任した。岩居牧師は、改革長老派系の行人坂教会で受洗し、キリスト教主義学校での教員生活の定年退職後に召命を受け、同系の清瀬信愛教会主任となった。目黒原町教会の創立80周年記念誌に掲載されている岩居牧師の在任時の感想を以下に示す。改革長老派から見たバプテスト観と、異なる歴史的伝統を持つ教会に赴任した牧会者の戸惑いと悩みとその解決を求める心が率直に述べられている[36]。

　　「もともとバプテスト系の教会であったこの教会に来るのはいささか躊躇があった。住まいを移した関係で行人坂から転出し、爾後40年も改革長老教会の訓練を受けたものにとって再洗礼派の信仰を受け継ぐのは難しいものがある。その教理について学びを進めていく内に、「聖書こそが信仰と生活の十分でただ一つの基準であるという立場を堅持」し、その信仰告白はマニフェスト的であるが、「真に聖化された信徒の自覚的共同体」であろうとするバプテスト教会の伝統に賛同するものを感じた。

　　しかし初期の願いに反して、信徒が高齢化し、度重なる牧師の交代によって目黒原町教会の教勢は伸び悩んできた。一言で言うと、キリスト教信仰が個人的信仰という形をとり、クリスチャンホームの形成による信仰の継承が疎かにされ、主日礼拝を信仰の中心に据えて来なかったことがそれの大きな理由と考える。現在、この教会のバプテスト教会出身の方は殆どいない。牧師を含め執事会（当教会では伝統的に執事会と称している）のメンバーは教派の異なる他教会の出身者である。

　　しかし、主が私に命じられたのはこの教会である。行き先も知らず旅立ったアブラハムの心境である。目黒原町教会に着任し、「礼拝を整える」ことが私の使命の第一であると感じさせられた。以前の目黒原町教会と大幅に変更を加えたのは『週報』である。（主の招き）（悔い改め）（御言葉）（感謝の応答）（派遣）と順序を組み立て、礼拝への集中を願って、報告事項は裏面に移し、「主の祈り」や信仰告白として「使徒信条」

を礼拝プログラムと並べて置いた。記してある文面を新たに受け取りな
がら祈りを捧げ、告白をしたいと願ったのである。嬉しかったのは、「招
詞」の詞をしっかり眼にしたいと教会員のA夫人がおっしゃったこと
に共感し、招詞聖句を掲げた。聖餐もそろって、ご一緒に頂くのがこの
教会の伝統ですと教えられたことであった。

　　教会における信仰告白の問題についても考えさせられてきた。詞から
いえば（信仰を告白すること）であって、その主体は個人でも集団でも
問われない。しかし、個人の告白は（証し）であっていかに自分が信仰
を与えられたか、今どのように思っているかが内容になることが多い。
バプテスト教会はその辺りが曖昧であった。しかし、主日礼拝は礼拝に
参加する者たちが、主のみ前に一つの告白をする事が大切であり、教会
形成の基本であると信じる立場から、「使徒信条」と「ニカイア信条」（ニ
ケア信条）を柱とした。第一主日は「ニカイア信条」を告白し、基本は「使
徒信条」である。「ぶどうの会」という名の定例のミニ研修会があるが、
そこで約1年かけて学習し、2011年度から現行のように実施している。」
　岩居牧師のこの発言は、異なる教派的伝統の中で育ち、そのための教育を
受けて、他派の歴史的伝統を守る教会に赴任した牧師の直面する問題を率直
に表わしている。
　バプテスト派を「再洗礼派の信仰を受け継ぐ」という誤解を除けば、きわ
めて率直にバプテスト信仰の陥りやすいポイントが指摘されるとともに、バ
プテストの大切な、主体的な信仰の強調という正しい点の謙虚な受け止めは、
教団に属する者だからこそのことばである。
　しかしながら、この頃から、目黒原町教会と教団新生会との接触は少なく
なり、教会の歴史的伝統は目黒原町教会内だけの形式化されたものとなり、
ほとんどの教会員は自己の信仰はバプテストのそれであると意識することが
なくなっている。それでは、教会の伝統とはいかなる意味をもつのか、今後
さらに世代の交代が進む中でのエキュメニカルな信仰を求める教団の教会と
は何なのであろうか。
　岩居牧師は平成24（2012）年3月に退任し、現在は、同じく改革長老派系

の大塚啓子牧師が主任牧師として担当している。すでに現在では、バプテストの伝統を知る教会員は一人もいなくなっており、改革長老派としての新しい伝統が作られつつある状態である。

4.2　ま　と　め

　目黒原町教会は、戦後の教団新生会分裂後、牧師の交代及びその間の無牧状態が何度も繰り返され、教団新生会からの人事紹介が教会執事会で受け入れられず、教団に人事斡旋を依頼したことから、他派の信仰をもつ教職者を担任牧師として迎えざるを得なかった。他派の信仰をもって育った牧師にとって、その教会で歴史的に大切にしてきたバプテストの信仰を持つ信徒、ことに教会役員、執事らと共に教会形成をすることは、本人の信仰と牧者として与えられた教会への責任とを両立させる、まさに教団だからこその課題に直面する。実はこの問題は、たがいに他派の歴史的伝統を尊重しあうために成立した教団の根本的課題のはずである。このような状況は、准允を受けたばかりの若い牧師にとっては相当な重荷である。その点、岩居牧師の態度は、エキュメニカルな教会を目指す教団の教職者の正しいあり方であろうし、その点で、教団の中で教派に対する公平な教育と指導が教団の手によってなされるべきであろう。ところがこの点についての教団のエキュメニカルな神学がまったく欠如したままの状態が現在に至っても続いており、また、教団新生会内部においても欠如している。

　さらに、その後を継ぐ牧師の代になると、その教会の歴史的伝統を受け継ぐ信徒はさらに少数となり、新任牧師に与える歴史的伝統の意味は薄くなって、結局は、その牧師の育った教派的伝統へと慣習的に変わっていくこととなる。

5.　教団早稲田教会

　教団早稲田教会は、現在なお、教団新生会に所属する教会ではあるが、実質的にはすでに、大部分の教会員はバプテスト主義について知らず、また、

牧師もその関心はない状態にある。わずかに筆者のみが教団新生会とのつながりを保つだけの状態で、いずれ単なる会衆主義教会となることが明らかであるため、ここに取り上げることにする。

5.1　そ　の　前　史 [37]

　早稲田教会は、東京学院に派遣されてきたアメリカ・バプテスト宣教同盟（ABMU）宣教師ベニンホフが、早稲田大学の創始者大隈重信の要請で、当時の早稲田大学の教育で欠けている「神に仕え、人に奉仕する」精神を備えた学生を育てる目的で、明治41（1908）年早稲田鶴巻町に開設した友愛学舎のバイブルクラスから始まる。その後、ABMUの名称が変更されたアメリカ・バプテスト国外伝道協会（ABFMS）はこの寮活動を高く評価し、明治44（1911）年10月に牛込弁天町に新しく土地を購入してキリスト教学生センターとしての友愛学舎を移転し、ベニンホフはその責任者として家族と共に園内に居住し、学生との交わりを深めながら主として早稲田大学の学生を対象としたキリスト教学生センターとしての働きを形成していった。

　ベニンホフは、バプテストの宣教師でありながら、生涯にわたりエキュメニカルであることを大切にし、往々にして文化的、教育的過ぎて、信仰的でないとの批判をうけることもあった。そのため、奉仕園の活動も教派を問わないものが普通であった。

　大正6（1917）年ベニンホフは、舎生を中心とした3Lクラブや聖書研究会を発展させた礼拝を友愛学舎の地下室で始め、これを奉仕園信交協会（Hoshien Brotherhood Church）と呼んだ。これが現在の早稲田教会の始まりである。協会のメンバーは、すでに各教派の教会で受洗しているキリスト者学生のみならず、求道者も含まれており、バプテスト的色彩はほとんど意識されなかった。

　その創立憲法によると、「本会の目的は、奉仕、親交、礼拝等に依りて会員各自の基督教的人格の向上発展を奨励する」にあり、すでにどこかの教会の会員となっていても協会員として受け入れ、新しく協会員となることを願う者にはバプテスマを授け、共に聖餐式を執行した。

　これを中心とした活動がさかんとなり、手狭となり、ベニンホフは、単なる学生寄宿舎としての活動から、充実した学生キリスト教センターとしての早稲田奉仕園の将来の発展のための資金提供をABFMS本部に訴え続けた。これに応じて大正8（1919）年スコット夫人が夫の百貨店経営者の遺産五万ドルを寄附し、大正11（1922）年に現在の西早稲田（かつての戸塚町）の地にスコット・ホールが完成する。このとき以降、「信交協会」はこの地に移り、バプテスト東部組合では、このあつまりを早稲田奉仕園宗教部早稲田教会として取り扱うこととし、組合機関紙『教報』の「教況」欄では、組合内の教会としてその活動を掲載し、スコット・ホールで聖日礼拝をもち、小室で伝統の3Lクラブ（バイブル・クラス）、日曜学校をもっていることを報じている。

　翌年9月の関東大震災にも2階レンガ建てのホールは一部被災しただけで、弁天町の友愛学舎などすべての施設が戸塚キャンパスに集められ、信交協会は早稲田奉仕園宗教部となり担当主事として藤井蔵之助が就任した。

　大正12（1923）年友愛学舎の舎生であった向谷容堂と篠崎茂穂は早稲田大学を卒業し、向谷はそのまま早稲田奉仕園に就職、篠崎は外国系石油会社に就職後、退職して大正15（1926）年友愛学舎副舎監となった。篠崎は学生時代に、メノナイトの家系に生まれムーディの影響を受けて宣教師として来日したミス・モークの感化により小石川福音教会で受洗後、内村鑑三の聖書講義に参加している。その期間は1年ほどであったが、彼の聖書第一主義、キリスト再臨思想にきわめて大きな影響を与えた[38]。

　この頃までにベニンホフによる友愛学舎の受浸者は76名であったが、卒業後はそれぞれの教会に戻るものもいた。大正12（1923）年12月、篠崎はベニンホフの斡旋で2年間アメリカのバプテスト系クローザー神学校とペンシルヴァニア大学大学院で神学と社会福祉学を学んで昭和5（1930）年帰国した。これによって篠崎は早稲田奉仕園宗教部主事となり、礼拝説教を担当した。翌年、藤井主事の影響で舎生たちの間に佐藤繁彦のルター研究会に惹かれるものが多く、奉仕園に対する批判が高まり、昭和7（1932）年の冬には舎生が順次退舎し、一時閉舎することとなった。学舎は半年で再開したが、昭和10（1935）年12月、篠崎の爆弾発言事件が起こる。彼は、奉仕園宗教部のあ

り方は社会的文化的であり、キリスト教会の本質を伝えるものではないと批判し、本来キリストの他には何者にも仕えないはずの教会である奉仕園教会が、奉仕園理事会組織の下部組織として存在していることに抗議し、奉仕園理事会は学識経験者やここの教会に直接関係のない教界の人たちも加わっており、神のみに仕える教会のあり方と矛盾しており、教会は教会として信仰的にこれから独立すべしとの動議を提出した。彼の主張は会衆主義の各個教会の独立性を主張するものであったが、早稲田奉仕園教会は学生一般を対象とする学生キリスト教センターの中から生まれたセンターの重要な活動の一つでもあり、ABFMSの意向もあって、この提議は理事会で拒否され、篠崎は直ちに奉仕園を辞職した[39]。このため、時田信夫が宗教部主事として日曜の礼拝説教を担当することとなった。

5.2　戦中戦後の歩み

　その後は、川口卯吉牧師が宗教部主任を依嘱され、バプテスト東部組合の一教会としてベニンホフとともに日曜礼拝、聖書研究会を指導した。

　宗教団体法の施行は法律によって宗教団体の活動を管理しようとするもので、これに応じて、一定基準の条件を満たす宗教団体を公認するもので、これに満たない団体は内務省管轄の治安維持法の対象となることとなった。このため、これまでABFMSと関係があったバプテスト東部組合は、アメリカ南部バプテスト連盟（SBC）と関係があるバプテスト西部組合と合併して日本バプテスト教団を結成することとなった。これまでの奉仕園教会は、社会活動センターとしての早稲田奉仕園の活動の一部としてあったため、この活動は正式にキリスト教会としての資格はなかった。これを期に、新しく形成された日本バプテスト教団の教会として、奉仕園から独立した形をとることとし、バプテスト東部組合三崎町教会早稲田伝道所が昭和14（1939）年5月7日に川口卯吉を主任担任教師として設立された。（内部では、早稲田奉仕園教会と呼ばれた。）　創立直後の5月18日にはバプテスト東部組合はバプテスト西部組合と合併して日本バプテスト教団となり、さらに昭和16（1941）年には教団第四部となった。最初の二ヶ月は、主任牧師はベニンホフ、7月か

らは、川口卯吉が勤め、代表執事は早稲田奉仕園理事、総主事代理の向谷容堂で、初年度の教会員は17名、うち、牧師、奉仕園役職者、その家族が6名、それ以外の社会人5名、学生6名で、全員奉仕園関係者であった。このため、組織は別々でも大部分の教会員は、教会活動と奉仕園のそれを区別する意識はほとんどなかった。

　当時の教会規定によれば、「第二条　目的　会員ハイエスノ人格教訓行為ニ現ハレタル犠牲献身ノ生涯ニ倣ヒ人々ヲ基督ニヨル神ノ救ヒニ與ラシムルヲ以テ目的トス。」とあって極めて自由神学的である。また、「第五条　会員　本教会ノ信仰箇条ニ基キ信仰の告白ヲナシ、バプテスマヲ受ケタルモノ」とあり、信仰箇条（神、主イエスキリスト、聖霊への信仰）、バプテスマおよび聖餐式は信交協会のものをほぼ踏襲している。また、第四条では「執事会　執事ハ本教会員中ヨリノ四名及本教会員タル奉仕園役員中ヨリノ三名ヲ以て成リ　牧師ト協力シテ本教会ノ目的ト事業ヲ達成スルモノトスル。」とあり、「奉仕園宗教委員会」に対して、予算・決算の報告をするものとし、会計、予決算、建物使用および「本規定」の根本的変更ある場合は承認を要するものとしている。実際は、当時の牧師給はベニンホフの私的伝道費から、会堂および集会室は奉仕園より無料で使用していた。

　これまでの早稲田奉仕園教会の歴史を見ると、教派にとらわれない主として関西出身の多教派のキリスト者学生および卒業生が中心となり、これに未信者の学生およびOBを加えての聖書研究会から出発したグループが、宗教部主事を中心として「聖書のみ」、「福音のみ」「信仰のみ」のプロテスタント原理に基づくバプテスト主義の教会を形成してきたが、その神学的理解は十分ではなかった。例えば、（本来は、その教会の信仰告白をもってあてるべきはずの）礼拝における信仰告白は、バプテストであるからという誤まった理由で礼拝次第には欠落している。

　また、友愛学舎で育った篠崎茂穂は、小石川福音教会で洗礼を受け、内村鑑三の集会に通ってその感化を受け、聖書中心主義、万人祭司の意識を強くもち、宗教部主事としてその指導にあたっていた。

　戦時中の早稲田奉仕園教会は、ベニンホフは帰米、礼拝説教は川口、週日

の旧約聖書研究会を篠崎が担当していたが、昭和18（1943）年4月からは早稲田奉仕園は戸塚キャンパスを早稲田大学に譲渡し、友愛学舎とともに諏訪町に移転した。空襲が激しくなり、舎生たちの勧めに従って川口牧師は故郷の和歌山に疎開した。それまでは篠崎は愛児を日曜学校に通わせる以外は早稲田奉仕園教会とは関係を持たず、早稲田大学YMCA信愛学舎で日曜聖書研究会をもち、日本女子大学に職を得ていた。

　終戦直後の8月17日、友愛学舎生奈良　信は十条にある奉仕園主事宅に向谷容道を尋ね、たまたま居合わせた篠崎と会話するうちに、篠崎と向谷はまず教会の復興、日曜礼拝復活による日本の復興で一致し、とりあえず向谷が日曜説教と礼拝を担当し、篠崎が教会に復帰してそれを支えることとし、9月16日より教会を再開した。9月30日には、彼らは教会会議を開催、篠崎を教会責任者とすること、和歌山に疎開している川口牧師の辞任を認めること、教団早稲田奉仕園伝道所としてとどまることを議決した。ところで、川口牧師はこれを知らず、その処置を奉仕園理事会に委ねてことは収まったが、篠崎は、この時はまだ准允を受けておらず、また、川口牧師はこの決定を後になって知らされ、やむを得ずこれを承認せざるを得なかったという事情がある。川口牧師には別に職を設けて、これを諒承してもらい、担任教師として池田　鮮に依頼し、篠崎は牧会担当執事ということにした。この間、受洗者は11名あったが、篠崎は滴礼でバプテスマを行っている。

　当時、手続きとして主管者の名義が必要とわかり、旧バプテスト東部組合の新生社団主事菅谷　仁が代務者となり、教団早稲田教会（第二種）として認可された。この頃から浸礼式は浸礼槽を備えた三崎町教会に移動して行うのが通例であった。当時の教会員の意識は、バプテスト系という意識はあったが、単立教会的な意識の方がはるかに強かった。

　昭和23（1948）年、戸塚町の土地建物が奉仕園に返還されることとなり、教会も諏訪町から現在地に移転した。この頃から、篠崎は教団の教師資格をとることを考えて、昭和25（1950）年に補教師試験に合格、翌年再びクローザー神学校に入学、翌年同神学校でバプテスト教師按手を受けた。その留守には、向谷容堂、清水義樹、フリーデルらが説教を担当している。

　この頃、教団内での会派公認の要請が日本基督教会とバプテスト派より
出され、教団新生会内部でも激しい対立が生じていた。その中で、昭和26
（1951）年9月と10月に三崎町・早稲田両教会共催教会観問題研究会が開催
された[40]。

　これには、バプテスト側から清水義樹、教団側から北森嘉蔵がそれぞれの
立場から「合同教会」についての神学的理解を述べたが、出席者の大部分に
は理解不十分であったようで、両教会の青年層は、新生会所属教会であって
も教団所属としての意識が強いことを意識するようにとの要望が出されてい
る。この頃すでに、新生会内部では、独立か残留かに関して互いに激しい論
争が行われ、教団の内外協力委員会に加わっていないABFMSからの復興資
金援助の期待もあって、感情的な対立になりつつあった。これに対し、渡米
中の篠崎はこれを無駄な神学論争として戒め、聖書のみに頼って判断すべき
としたであろうし、また、教会員の大部分も教派意識にとらわれないこの教
会の自由な空気を当然として教団残留を決意している。新しい宗教法人法に
よる届出期限の昭和35（1960）年を前にして、早稲田教会は、昭和34（1959）
年4月の教会総会で執事会原案を協議、5月の教会総会で教団に残留し、（新）
教団新生会に加入することを決議している。その理由は、「教団に止まるこ
とにより、種々の性格の教会と宣教の協力をなし、また、転入会のためにも
よい」とした。そして同時にバプテストの伝統は保つことができると考えた
のである。この場合、伝統とは、個人の信仰告白の重視、幼児洗礼を行わず、
会衆政治制および浸礼によるバプテスマ執式に要約できよう。」[41]これと同
時に、篠崎は教会内で互いに感情的となる無駄な神学論争を固く禁じ、これ
がそれ以降の教会内での信仰の本質に関する発言が控えられ、その一面、開
放的な自由な空気を生み出した。

　昭和30（1955）年、篠崎はかねてからの万人祭司の主張に従い、日本女子
大学教授を続けながら説教に専念することを求め、牧会専任者として西南学
院出身の永松忠三を副牧師として招いたが、彼は昭和33（1958）年辞任し、
後任として同志社大学出身の望月賢一郎が副牧師として招かれ、これ以降
は同志社大学から神学生が派遣されるようになった。望月のアンドーバー・

ニュートン神学校留学中は、同志社大学から上林順一郎が神学生として招かれて、教会を支え、望月は昭和42（1967）年に帰国、篠崎の引退後の主任担任教師となった。ところが、翌年望月はチェンマイのタイ合同神学校へ転任を希望して退任、その後を、上林順一郎が主任担任牧師として就任した。その間は奉仕園高等学院寮監の岸本和世牧師に説教を依頼していた。これらの人事は当時執事であった友愛学舎出身で組合派教会で育った奈良 信の働きが大きかったと推測される。

　上林牧師は、就任の年の11月の執事会で、バプテスマを滴礼方式にすることを提案した。理由は、他教会の浸礼槽を借りて行うよりは、より多数の教会員が列席できる礼拝の場で洗礼式を行うことが教会形成の立場からより大切であるとするものであった。これに対し、浸礼が回心者の自覚をより強くし、死から甦る体験につながるとしてこれに反対する者もいたので、結局、「早稲田教会の伝統を尊重しつつ、今回は滴礼とする。なお、これは暫定的なものとする」と決議し[42]、以後これが常態となって、この教会規則は顧みられていない。

　平成5（1993）年、当時の現住陪餐会員178名のうち浸礼を経験した者は約三分の一以下となっており、2019年の現在では200名中約1割となっていて、浸礼がこの教会の信仰で証しであることを表に出して主張する者は、わずか1名のみとなっている。

　昭和57（1982）年早稲田奉仕園キャンパス内に日本バプテスト同盟東京平和教会が設立された。もともとABFMSの資金によって設立された早稲田奉仕園が教団新生会（旧）の分裂により行われた財産分与の際に、戦後財団法人として日本バプテスト新生社団から土地建物の譲渡を受けて独立した早稲田奉仕園の中の理事会に日本バプテスト同盟の発言権を獲得するためのものであった。

　上林牧師は、1970年代半ばまでは、教団新生会教師会に出席していたが[43]、次第にこの頃から出席しなくなり、教団新生会関係のニュースは早稲田教会内部では流されなくなっていた。また、教団新生会分担金は滞納となった。この分担金はメンバー教会の会員数に応じて課金されるが、教会内のバ

プテストの伝統を意識しない者の数が増加してくると、その負担の合理性が問題となって教会総会で承認が得られなくなることを予想してのものであった。

　その一方、同志社大学神学部からの神学生の派遣、上林牧師関係の関西からの転入会者、奉仕園キャンパス内での上林牧師を中心とする東京同信会の会合、年配者のボス化を防ぎ世代交代を円滑に進めるための70歳以上の教会員の執事被選挙権の停止などの結果、早稲田教会を教団内組合派教会と思っている者や、いずれの教派にとらわれない自由な空気の教会というイメージで捉える者が大多数を占める教会となってしまっている。

　受洗希望者に対する準備教育には、使徒信条解説が用いられ、早稲田教会の歴史、伝統についての教育は積極的には行われなくなった。

　平成18（2006）年、上林牧師は引退し、そのあとを、かつて平成2（1990）年から3年間神学生として東京神学大学から派遣されていた古賀　博牧師が主任牧師として招聘された。古賀は、早稲田大学商学部学生時代に早稲田大学YMCA信愛学舎に入り、早稲田教会に出席し、上林牧師の感化で洗礼を受けた。早大卒業後、東京神学大学大学院に進み、その間、早稲田奉仕園主事を経験している。そのため、早稲田教会と早稲田奉仕園との関係、早稲田大学YMCA各学舎とのつながりもあり、その働きが評価されている。

5.3　ま　と　め

　早稲田教会の場合は、その前身が早稲田大学学生のための寄宿舎および宣教活動センターである、ABFMSによってはじめられた早稲田奉仕園の友愛学舎生の聖書研究会から発展したものである。創立者のベニンホフ宣教師は、最初からその教派性を意識せず、エキュメニカルな活動を目指していた。そのため、その活動は、既成教派の教会のしきたりに対する関心は関係者の間には薄かった。昭和14（1939）年の宗教団体法による日本バプテスト教団早稲田伝道所としての届け出も、将来の成長を願っての法的なもので神学的理由によるものであったということはできない。続いての昭和16（1941）年の日本基督教団第四部への所属についても同様であった。また、戦後の宗教法

人法による所属問題に関しては、日本基督教団になって以降の間に初めて教職者資格、バプテスマ形式の教派ごとの違いを意識した程度であった。従って、昭和33（1958）年の教団新生会分裂前後の所属決定には、「エキュメニカルで、種々の教会と宣教の協力をなし、また転入会のためにもよい」という理由で教団所属を決定している[44]。

6.　全体のまとめと考察

　現在の教団新生会が発足してからすでに半世紀以上となっている。当時バプテスト主義を奉じつつ、教団に残留することを選んだ教会を取り上げ、その歴史的経過とその理由を述べてきた。ここでは、これらを総括して問題点を考察したい。

　これらの教会はいずれも会員数30名以上の比較的大きな教会である。このことは、比較的独立性の大きな教会であることを意味しており、その歴史的伝統の喪失は、主任牧師の交代、教団内他教派系教会からの転入によって生じている。つまり、その教会の教職者および、それを迎える執事会の意識によるものが多い。

　バプテストの意識喪失の原因は、西荻教会の場合は、牧師個人の教会観の変化であったが、他の教会の場合は、他旧教派出身の牧師の就任によって生じている（目黒原町、水戸、早稲田）。それを促す副因としては、教会員の意識の変化が挙げられる。水戸教会の場合は、それまでにすでに他教派の教会と合同した結果であり、目黒原町教会の場合は、教職者紹介にあたって教団新生会からは適当な人材がいなかったことにより教団からの派遣を求めたこと、さらに、教会員の世代の交代による教会員の意識変化があったことが挙げられよう。早稲田教会の場合は、もともとキリスト教学生センターの聖書講座から生まれた教会員の無教派意識に加えて、他教派出身の牧師を頼っての転入会員、および、受洗者の増加が挙げられよう。

　次に考えられるのは、バプテスト主義の弱点である。すなわち、バプテスト主義は、万人祭司主義の会衆制をとり、ことに、個々の信仰の主体性を重

んじる教会にあっては、その信仰の主体性がはっきり意識されている間は、その特性が十分な力をもっているが、それが形式化された場合にはきわめて放縦な状態となって教義を無視した自己本位な人間中心主義に堕したり、主体性を放棄した教職者依存の方向に向かうことになる。ことに、信徒の発言権がつよいために、バプテスト主義が単なる歴史的伝統や慣習に過ぎないものとなり、その本質を見失ったままに、簡単にそれを捨てて、現在の教団の中の大旧教派の方向にそれぞれ吸収されることになる。ことに同じ会衆主義を守る旧組合系の流れに乗りやすい。浸礼の廃止、新生児洗礼の容認、教会信徒名簿からの牧師除外、牧師の教会総会における選挙権など、かつて配慮されていた教団規則では旧教派のための各特例が忘却されていることがそれを助長している。

　本来、エキュメニズムを目指す教団にあっては、歴史的伝統の主張の底にある、保守の形式化による堕落に対する革新と同時に、本義を忘却した革新に対する戒めとしての保守の両方の視点を多教派が合同して持ち合うという、一つの教会性をともに共有するのが教団の本義であったはずである。ところが、複数の旧教派の合同教会であることは伝統的特質にこだわらないと受取る場合には、少数派の伝統が多数派のそれに飲み込まれることになる。

　第三に、挙げられるのは、教団が目指すエキュメニカルな到達点のイメージが明確でないことである。また、これは、教団新生会が目指す教団内での歴史的伝統のありうべき到達点が明確でないことにもつながる問題でもある。そもそも教団が一つの合同教会であると主張しながら、それを構成する歴史的伝統が異なる各旧教派のメンバーすべてに共通する教会論が欠如したままであることが、現在の教団の根本問題である。その教会論を欠いた一つなる教会はあり得ないからである。

　それはさらに、第四に、教団内の教会論の教育システムが歴史的伝統の異なる教団内の旧教派のそれらを十分に取り入れたエキュメニカルな視点からなされていない点にもつながる。そのために、バプテスト主義、バプテスト教会に関する教育が教団内部の教育機関に欠如しており、十分な知識と理解をもった若い教職者が得られないことである。このため、教団からの斡旋に

より招聘した教職者がはじめて浸礼の司式を経験したり、それについて信仰的に葛藤することになる。

　それぞれの学校の神学課程では、旧教派中心の教会論を研究教育するのみで留まっているために、会議制における少数派の歴史的伝統が忘却されていく結果を生み出している。それは、本来、教団が目指したエキュメニズムの理念とはまったく異なる方向に向いている結果となっていることが気づかれていない。

　教団新生会においても、単なる伝統的特質をその内部だけで誇っていても、後を継ぐべき世代への継承はそれぞれの教会内だけのものとなっていて、その精神に生きていた世代が既に高齢化し、これから先、十年を待たずしてその世代はいなくなる。

　日本基督教団の中で、その再編期に論じられた教団の目指すエキュメニズムの神学的本質論を再び取り上げ、それをさらに、深めることが必要である。現在ともすると、教団の正常化が旧大教派の教会観への復帰とする誤った視点が教団内に一層の混乱を巻き起こしている。

　教団の真の意味における神学的教会論は、エキュメニカルなものであったはずで、それは自己中心的な教会観に統一することでは決してない。それと同時に、他を理解しないままに並立することでもない。互いの境界の幅を神学的に広げて互いに信仰的に豊かになることである。

謝　辞　本論文を取りまとめるにあたり、取材、資料提供にご協力いただいた教団西荻教会有馬頼尊主任牧師、教団水戸教会橘秀紀主任牧師、教団目黒原町教会大塚啓子主任牧師の方々に厚く感謝の意を表する次第である。

【参考文献と註】

1)　日本バプテスト同盟、「日本バプテスト同盟信仰宣言」、2001.7.21.
2)　日本基督教団、「教憲」、1994.11.17.
3)　日本基督教団「信仰告白」、1954.10.26.
4)　古谷圭一、「戦後の教団と新生会の分裂まで」、(2019)、『バプテストの歴史と思想研

究③』、関東学院大学出版会。

5) 『一つと成らんがため　教会の完成へ』、(1951)、日本基督教団成立十年記念論集、日本基督教団出版局、および日本基督教団「教職者懇談会」編、『合同教会としての日本基督教団　その教派的伝統と特質をめぐって』(1989)、新教コイノニア、新教出版社所収の各論文。

6) 古谷圭一、「イングランド市民革命とプロテスタント各教派の成立」、(2016)、『キリスト教と文化』、関東学院大学キリスト教と文化研究所所報、No. 14, pp.33-45, 関東学院大学キリスト教と文化研究所。

7) 杉本　茂、「西荻教会の歩み―西荻教会と私－誌発刊に寄せて」、『西荻教会四十周年記念　西荻教会の歩み』、(1991)、日本基督教団西荻教会。

8) 吉崎彦次郎、『ましみず　教会設立65年記念』、(1968)、p.18、小倉バプテスト教会、日本バプテスト小倉キリスト教会ホームページ、教会歴史館より採録。(http://kokuracc18.sakura.ne.jp/word/wp-content/uploads/2018/10/masimizu.pdf)　より採録（2019. 7.28.）。

9) 片谷武雄、『小倉伝道23年の回顧』、(1963)、生命社、上掲註8)。

10) 沢野正幸、『ましみず　教会設立65年記念』、(1968)、p. 13、上掲註8)。

11) 古谷圭一、『日本基督教団四谷教会史　近代日本の戦争と教会』、(2011)、p.161、さんこう社。

12) 坂田　祐、『昭和17年当用日記』、(1942)、5月22日、23日、24日、25日、関東学院大学キリスト教と文化研究所保存文書。

13) 四谷教会保存文書、古谷圭一、上掲書註11)、(2011)、p.61、さんこう社。

14) 古谷圭一、「四谷教会杉並伝道所の歩み」、(2015)、上掲誌註6)、No. 13、pp.57-68。杉本　茂、「西荻教会の歩み―西荻教会と私－誌発刊に寄せて」、(1991)、p.8、『西荻教会四十周年記念　西荻教会の歩み』、日本基督教団西荻教会。

15) 神保長老、「(10月3日説教要旨) 教会の設立」、(1971. 10. 10.)、『西荻教会週報』、日本キリスト教団西荻教会。

16) 古谷圭一、上掲書註13)、(2011)、p.33。

17) 片谷教雄、「西荻教会の歩み…本所→築地→原宿→西荻」、(1991)、p.13、上掲書註14)、日本基督教団西荻教会。

18) 『西荻教会会報　1号』、(1951.1.28.)、日本基督教団西荻教会。

19) 村上重子、「西荻教会旧会堂で浸礼受洗、その感動は今も胸に熱く」、(1991)、p.62、上掲書註14)、日本基督教団西荻教会。

20) 「隠田集会所に関する件　記録抄」、(1956. 1. 28.)『西荻教会会報　1号』、p.13、日本基督教団西荻教会。

21) 『キリスト教歴史大事典』、(1988)、p.1080、教文館。

22) 乙幡和雄、「西荻のオジイチャン・オバアチャン有難うございました…I」、(1991)、p.76、

上掲書註14)、日本基督教団西荻教会。

23) 興梠正敏、「チャペル・マンションをめぐって」、(1991)、p.80、渡辺　晋、「思い出すままに」、(1991)、p.84、上掲書註14)、日本基督教団西荻教会。

24) 荻野光代、「西荻教会の人々」、(1991)、p.88、上掲書註14)、日本基督教団西荻教会。

25) 佐々木益男、「四十周年をむかえて」、(1991)、p.23、上掲書註14)、日本基督教団西荻教会。

26) 教団水戸教会ホームページ、「教会の歴史」、日本基督教団水戸教会の歴史年表、https://www.mitochurch.or.jp./officialsite/html（2019.8.1.採録)。その後、ホームページの改訂が行われ、現在のホームページでは歴史に関する記載はほとんど削除されている。

27) ABFMS アメリカ北部バプテスト系海外宣教団体の名称は、時代によって変わっている。具体的には、万延元(1860)年に、ゴーブルがアメリカ・バプテスト自由宣教協会(The American Baptist Free Mission Society: ABFMS) により日本に送られ、それが明治5 (1872) 年、アメリカ・バプテスト宣教同盟 (The American Baptist Missionary Union: ABMU) となり、さらに、明治43 (1910) 年にアメリカ・バプテスト国外伝道協会 (The American Baptist Foreign Mission Society: ABFMS) となった。(出村 彰 監修、バプテスト史教科書編纂委員会編『見えてくるバプテストの歴史』、(2011)、p. 150, 176参照、関東学院大学出版会) 本論文ではそれぞれの時代の団体名称を用いた。

28) Fisher, Chares Henry Day (1848-1920)、明治16 (1883) 年マドラスより任地変更により来日、東京第一浸礼教会を設立、平、水戸に伝道、茨城県立水戸中学校英語教師となった。後、横浜神学校校長となる。

29) Goble, Jonathan (1827-1896)、ペリー艦隊に同行来日後、1860年ABMFS宣教師として横浜に来日、ヘボン、ブラウンとともに居住。1873年横浜浸礼教会を設立、初のマタイ伝日本語訳を出版、1879年以降は聖書販売人として各地に伝道。

30) Clement, Ernest Wilson (1861-1920)、県立水戸中学校長渡瀬寅次郎の下でフィッシャーの後任英語教師をつとめた。再来日後東京中学院を設立、1903-1910年東京学院院長、新渡戸稲造にあこがれ、第一高等学校教授となった。

31) 渡瀬寅次郎 (1859-1929)、札幌農学校第一期生でクラーク博士の教え子で札幌独立教会創立者のひとり、県立水戸中学校長、茨城師範学校長、クレメントの招聘で初代東京学院長。

32) 古谷圭一、「教団の成立とバプテスト教会」、(2019)、p.72、『バプテストの歴史と思想研究』、関東学院大学キリスト教と文化研究所研究論集②、関東学院大学出版会。

33) 日本基督教団目黒原町教会、『目黒原町教会五十年の歩み　創立五十周年記念 (1928 〜 1978)』、(1978)、p.12-13、教団目黒原町教会。

34) 上掲書註33)。

35) 伊勢田奈緒、「目黒原町教会と私」、(2013)、p. 5、および2005年 (平成17年) クリス

マス写真、『目黒原町教会80年の歩み』、目黒原町教会。

36）岩居保久志、「あぁ麗しきシオンの朝、光ぞ照りそめける」、(2013)、p. 6、上掲書註35)、目黒原町教会。

37）『早稲田奉仕園百年史』、(2008)、財団法人早稲田奉仕園。

38）奈良　信、「若き日の篠崎茂穂」、(1991)、p.357、『篠崎茂穂　人と信仰』、篠崎茂穂先生記念文集刊行会。

39）植松健一、「信仰の人篠崎茂穂」、(1991)、p.402、上掲書38)。

40）「三崎町・早稲田両教会主催　教会観問題研究会について」、『新生』、(1952. Mar.)、No. 24、p. 2、古谷圭一、「戦後の教団と新生会の分裂まで」、『バプテストの歴史と思想研究』、(2019)、関東学院大学キリスト教と文化研究所研究論文③、pp. 152-3。

41）『早稲田教会五〇年史』、(1994)、p.57、日本基督教団早稲田教会。

42）上掲書註41)、(1994)、p.70、日本基督教団早稲田教会。

43）「関東人物列伝（2)」、『教団　しんせい』第3号、(1974.9.25.)、教団新生会。

44）『早稲田教会五〇年史』(1994)、p.57、日本基督教団早稲田教会。

執筆者紹介（執筆順）

村椿　真理　　関東学院大学法学部　教授

内藤　幹子　　関東学院大学経営学部　准教授

清水　美穂　　関東学院大学キリスト教と文化研究所　客員研究員

古谷　圭一　　関東学院大学キリスト教と文化研究所　客員研究員

関東学院大学 キリスト教と文化研究所 研究論集❹
バプテストの歴史と思想研究

2020 年 3 月 31 日　第 1 刷発行

編　　者　　関東学院大学キリスト教と文化研究所
　　　　　　バプテスト研究プロジェクト

発 行 者　　関東学院大学出版会

　　　　　　代表者　規　矩　大　義

　　　　　　236-8501　横浜市金沢区六浦東一丁目 50 番 1 号
　　　　　　電話・(045)786-5906 ／ FAX・(045)785-9572

発 売 所　　丸善出版株式会社

　　　　　　101-0051　東京都千代田区神田神保町二丁目 17 番
　　　　　　電話・(03)3512-3256 ／ FAX・(03)3512-3270

印刷／製本・藤原印刷株式会社